汽车造型设计

宋明亮　陈　雨　李宝军　主　编

刘建军　孙　元　张　路　副主编

靳春宁　于佳佳　黄　潘

王传华　付梦婷　高奕斐

申大鹏　刘泽阳　于思琪　参　编

欧阳羽琪　徐子昂　王皓月

俎鹏飞　任思羽　孙文珠

中国电力出版社
CHINA ELECTRIC POWER PRESS

内 容 提 要

汽车造型设计是高等院校工业设计专业高年级的核心课程之一。全书分六章，包括汽车设计发展简史、汽车造型设计基础知识、汽车空气动力学、智能座舱技术、汽车造型设计分析研究技术、汽车概念造型设计大赛案例解析，旨在深入探讨艺术与工学交叉融合方向的汽车造型设计，为汽车设计在校学生和汽车造型设计爱好者提供全面的参考，以帮助他们更好地了解汽车造型设计的发展历史和未来趋势，掌握汽车造型设计的基础知识、基本流程与方法，学会深入分析目标人群的行为特征与生活方式，并能够利用多学科交叉技术方法从品牌战略、人机交互、可持续等多角度对未来移动出行体验提出创新性的设计策略和解决方案。本书适合作为高等院校工业设计专业教材，也适合汽车设计爱好者自学使用。

图书在版编目（CIP）数据

汽车造型设计 / 宋明亮，李宝军，陈雨主编. 一北京：中国电力出版社，2024.4
全国高等院校工业设计专业教材
ISBN 978-7-5198-6528-3

Ⅰ.①汽… Ⅱ.①宋…②李…③陈… Ⅲ.①汽车—造型设计—高等学校—教材 Ⅳ.① U462.2

中国国家版本馆 CIP 数据核字（2024）第 049979 号

出版发行：中国电力出版社
地　　址：北京市东城区北京站西街 19 号（邮政编码 100005）
网　　址：http://www.cepp.sgcc.com.cn
责任编辑：王　倩　（010-63412607）
责任校对：黄　蓓　常燕昆
装帧设计：张俊霞
责任印制：杨晓东

印　　刷：北京盛通印刷股份有限公司
版　　次：2024 年 4 月第一版
印　　次：2024 年 4 月北京第一次印刷
开　　本：889 毫米×1194 毫米　16 开本
印　　张：9.25
字　　数：219 千字
定　　价：65.00 元

《全国高等院校工业设计专业教材》丛书编委会

序一

设计是除科学和艺术之外的第三种形式的人类智慧，它不仅关乎人类面对问题的解决方式，还影响甚至决定人类未来的存续可能。

所谓"境生于象外"，设计一旦被圈于"物"本身的修正或创制，设计师必然会被既有物品的概念和形式所束缚。真正的设计应该是有关人类生存发展的本体论、认识论、方法论。而工业设计则可被看作是工业时代人类认识周遭"人为事物"的全面反思，其中包括对必须肯定之处的肯定，以及对必须否定之处的否定。这种积极的反思与反馈机制是设计学的核心内涵，是工业设计将"限制"与"矛盾"转换为"抓手"的关键，也是将工业设计从"美术"或"技术"等片面角度就事论事的困境中解救出来的唯一途径。如此，设计便能从"物"、技术、自然环境、经济体系、社会结构等系统存在的问题出发，在我们必须直面的限制条件下形成演进式、差异化的解决方案，进而创造出"新物种"，创新产业链，以致在生存方式上实现真正的创新。

伴随着我们的持续思考与实践，工业设计的研究范围早已摆脱了工业的园囿。在这个过程中，产品、生活方式、经济和生产关系，甚至我们的思维方式都经历着打散、重构与格式化。在这样的背景下，无论是工业设计的实践者还是学习者，都应该认识到工业设计不仅仅是一种技能或创新模式。它更深层地体现为一种思维方式，是推动创新产业发展的关键路径。在实践中，我们应当关注国家的强盛、民众的福祉、民族的复兴，以及人类未来的可持续发展，其目标应当是创造一个健康、公平、合理的人类生存方式。这涉及如何引导人类共享资源，以及如何制约人类对物质资源的无节制占有与使用。工业设计在当代社会中的作用不仅是创新和美化，而是成为一种力量，抵制那些可能由商业或科技进步带来的负面影响。这种思维方式和实践方法是人类社会所迫切需要的，它能够保障我们走向一个更加公正、可持续的未来。

这套"全国高等院校工业设计专业教材"以其宽广的视野和完整的体系，为工业设计教育提供了一份宝贵的资源。该系列教材不仅仅聚焦于新技术和新工具的发明，也更加强调利用新技术、新工具去拓展人类的视野和能力，从而改变我们观察世界的方式，发展出新的设计观念与理论。同时，借助体例与内容的创新，本套教材能够帮助相关专业教师实现从知识传授向能力培养的转变，并赋予学生自我拓展、组织和创造知识结构的能力。

我愿与市场、技术精英们商榷：

"工商文明"真的就是人类文明的高峰吗？"更高、更快、更强"的竞技体育都明白，弱肉强食的"丛林法则"是动物的"文明"，所以"更高、更快、更强"是手段！"目的"是要"更团结"！人类文明的发展不应该，也不可能是以"工商文明"为终极目标的……用"设计逻辑"诠释"中国方案"的原创思想，才是我们的战略制高点。

（1）要推动各个领域的中国学派要讲"风清气正"的中国故事，要出思想、出创新、出成果；

（2）要探索更高意义上的"普世价值"；

（3）扬弃"工商文明"的"丛林法则'，用中国智慧的逻辑来重新思考未来可持续发展的人类社会"新文明"结构系统。

积淀了五千年的中国哲理告诉我们，研究历史是为了看背后的影子，而目的是从影子中找到前方的太阳！"中国方案"——中华民族复兴——"人类命运共同体"将代替"工商文明"诞生一个新的文明——"分享"型的服务经济——"提倡使用，不鼓励占有！"是商业创新，是产业创新，是社会创新，是人类文明的进步！

此外，我也深切地期望能与国内的设计同行，尤其是从事设计教育和设计研究的学者们互相勉励，一同思考中国设计教育所面临的挑战，以及中国设计教育所肩负的历史责任和使命。

清华大学首批文科资深教授　柳冠中

2024年1月1日

序二

设计的目标是为人类创造福祉。

工业设计，与生俱来，具有对技术的关注和敏感。近年来，以数字技术为代表的信息革命，以一种令人应接不暇的态势将物联网、虚拟现实、元宇宙、人工智能等新技术、新概念、新思维及新工具推到人类面前。技术浪潮的推动必然诱发对工业设计内涵的重新思考与工业设计教育体系的变革尝试：尝试如何以一种更为开放的教学结构将新兴技术整合进设计教学，在培养学生应用新技术、使用新工具去创造设计新边界的同时，引导其理解技术和工具对设计过程、结果，乃至人类社会生活的影响，最终促进新形势下技术与设计及社会文化的挑战性融合。

设计是为社会的发展、人类的生活创造一种新的可能性。

设计教育要因应时代的发展跟踪新技术，同时设计教育也要关注日趋复杂的设计对象与任务。时至今日，工业设计的设计对象从传统的"物"的范畴逐渐演变为包括体验、服务甚至组织等在内的更广泛"非物"的范畴，设计过程也有了更多复杂性。这种迭代与扩展都对学生的知识与能力、观念与意识提出了更高的要求，不仅需要学生获取更广博的知识，还需要具备自我扩展、组织、更新知识结构的能力和跨学科合作的能力；需要具备更宏观的思维力，关注设计与社会发展之间的联系，以一种更积极的态度思考设计介入社会转型发展的可能性。社会责任感、设计伦理观念和美学及人文精神作为设计者的核心素养，将更加深刻地影响设计的发展和社会的进步。

未来的设计必将是跨学科、多领域的融合共创和系统运转。设计还要关注以未来为导向，通过回顾、洞察、构建、反思、批判等设计方法，充分利用设计工具，协同创新，有效创造，持续发展。用设计服务生活、引领未来生活。

非常欣喜，看到各位青年学者携手并肩、与时俱进，持续开展设计教学改革的热情、努力和成绩。他们不忘初心、严谨求实；他们不惧挑战、勇于创新；他们有丰富的教学经验和广阔的视野，对新形势下的工业设计教学有深入的思考，这些都在本套教材中有充分的体现。我相信这套教材不但可以帮助设计专业学生建立更全面的能力系统，而且可以为设计专业教师提供有内容、有价值的教学参考。期待与大家一起，不懈努力，共创教学改革新局面。

南京艺术学院校长　张凌浩

2024年1月1日

自汽车诞生以来，汽车造型设计一直伴随着汽车发展的整个历程。随着科技不断进步和人们对美学的不断追求，从最初的形式追随功能到现代艺术与科技的完美结合，汽车造型设计的重要性不断提升，汽车造型设计已经成为不同品牌之间竞争的关键因素之一。同时汽车造型设计师们也在不断地探索新的设计方法和技术，以创造出更加独特和优秀的汽车造型设计。在这个过程中，艺术与工学交叉融合的汽车造型设计方法愈发重要，已成为汽车设计领域的重要发展方向。

本书立足工业设计专业，旨在深入探讨艺术与工学交叉融合方向的汽车造型设计，为汽车设计在校学生和汽车造型设计爱好者提供全面的参考，以帮助他们更好地理解汽车造型设计的基本知识与方法，并创造出更加独特和优秀的汽车造型设计。

本书共分六章。

第一章介绍汽车设计发展简史。简要介绍汽车设计在不同时间段内的演变和变革过程，这一历程涵盖了从汽车的原始阶段到现代复杂的设计理念和技术的发展。

第二章将介绍汽车造型设计的基本方法和技术。深入探讨汽车造型设计的基本设计方法和流程，例如，手绘草图、CAD建模等，帮助读者更好地了解汽车设计的实践操作和流程。

第三章介绍汽车造型设计与空气动力学的关系。空气动力学是汽车设计中不可忽视的因素之一，对汽车的外观和性能都有重要影响。本书简要介绍空气动力学的基本原理和应用，以及空气动力学对汽车造型设计的影响。

第四章介绍汽车智能化座舱设计。随着汽车智能化技术的不断发展，汽车内饰空间设计已经不再局限于功能性考虑，而是注重驾驶员和乘客的舒适性和个性化需求。本书将介绍智能化座舱设计的基本原则和技术，如人机交互、语音识别、面部识别等，帮助汽车设计师创造出更加人性化和个性化的座舱设计。

第五章基于形状文法、深度学习技术，探讨汽车家族化造型特征分析方法。家族化设计是汽车制造商在多款车型中统一设计语言的常用方法。通过形状文法和深度学习技术对多款车型的造型特征进行分析，可以为汽车设计师提供更加准确的家族化设计方案，加快汽车设计的开发速度并降低成本。

第六章提供了大量的学生汽车概念设计案例和实践经验，以帮助学生更好地理解汽车造型设计的实际应用和如何参加汽车设计大赛。

本书的目标读者是工业设计专业汽车设计方向的本科生、研究生，以及汽车设计爱好者。通过本书的阅读，他们可以了解艺术与工学交叉融合方向的汽车造型设计的最新趋势和技术，提高自己的设计水平，不断创造出更加独特和优秀的汽车造型设计，推动我国汽车造型设计的发展。

本教材获国家本科教学工程项目、本科教育教学改革项目教育部人文社会科学研究规划基金项目（22YJA760072）支持。

编者

2024年2月

目录

DE

SIGN

汽车设计
发展简史

第一章

教学内容： 1. 汽车设计的起源与发展历程

2. 汽车设计的重要设计元素和设计语言

3. 汽车设计的未来趋势和发展方向

教学目标： 1. 了解汽车设计的历史和发展

2. 熟悉汽车设计的基本要素和设计语言

3. 掌握未来汽车设计的趋势和发展方向

授课方式： 多媒体教学，理论与设计案例相互结合讲解并设置课堂思考题

建议学时： 12～18学时

第一节　汽车设计发展历程概述

汽车设计是一门将工程学、美学和人类行为学相结合的学科，旨在创造出具有良好的功能性和美观性，且符合人类需求的交通工具。而汽车设计的发展历程指的是汽车设计在不同历史时期设计理念和技术演变发展的过程。

汽车设计的发展历程可以从以下几个方面来理解和阐述。

外观设计：汽车外观设计是汽车设计中最直观和引人注目的方面。随着科技的进步和社会的变迁，汽车外观从最初模仿马车造型逐渐演化为流线型、现代化和个性化的风格。设计师通过对车身线条、比例、曲线和表面处理等方面的设计，创造出美观、动感和独特的汽车外观。

功能设计：除了外观，汽车设计还关注汽车的功能性和实用性。这包括内部空间布局、座椅舒适性、仪表盘布局、操控性能等方面的考虑，以满足驾驶员和乘客的需求。例如，随着家庭和休闲活动的变化，多功能空间和储物空间的设计成为汽车设计的重要内容。

安全设计：随着交通事故的增加和人们安全意识的提升，汽车设计越来越注重安全性。安全设计包括车身结构、碰撞安全、被动和主动安全系统等方面的设计，以提供更好的碰撞保护和事故预防能力，如刚性车身结构、安全气囊、防抱死制动系统（ABS）、车道保持辅助系统（LKA）等。

轻量化设计：为提高能源利用率，轻量化的材料和结构设计日益成为汽车设计的重点。这包括使用铝合金、碳纤维等高强度轻质材料，以及优化整体结构等。轻量化对于电动汽车的设计尤为重要，它可以提高电池续航里程并减少电池充电时间。

智能化设计：随着科技的进步，汽车设计越来越注重智能化和互联网技术的应用。智能化设计包括导航系统、智能驾驶辅助系统、车联网等方面的设计，以提供更智能、便捷和安全的驾驶体验。例如，自动驾驶技术的不断发展将汽车设计推向了一个新的层面，实现了更高级别的自动化和安全性。

总之，汽车设计是一个不断演进和创新的过程。伴随着科学技术的进步，现代汽车设计已发展成为以用户为中心，更加注重人类行为学、人机工程学和可持续发展等方面综合研究的学科。在未来，智能化、电气化和节能环保将成为汽车设计关注的重点。

第二节　汽车设计起源

回顾历史可以发现，借助外力提升自身的运动速度是人类一直以来的追求。风力是人类最早借助的能源之一，约公元前3000年，古埃及人便在无龙骨船上安装了由纸莎草制成的帆。公元6世纪，在中国出现了能够在陆地上高速行驶的风帆战车，1000年后，欧洲数学家西蒙·斯蒂文（Simon Stevin）也制造出类似的交通工具。

在西蒙·斯蒂文之前，欧洲人还构想了其他种类的自行车辆。非常早期的设计构想是由意大利工程师吉多·达·维杰瓦诺（Guido da Vigevano）产生的。1331年，他在自己的素描本《法国德克萨奥鲁斯·瑞吉斯》（*Texaurus Regis Francie*）中为法国国王腓力六世（Philippe VI）绘制了一辆风力战车草图。这是欧洲第一个不依赖人的肌肉来产生动力的车辆设想。1478年左右，达·芬奇也设计了一辆用于舞台演出，能够自动移动的车（图1-1）。

现代汽车的能源最初采用的是蒸汽，用蒸汽驱动汽车的想法在托玛斯·纽科门（Thomas Newcomen）和詹姆斯·瓦特（James Watt）制造蒸汽机之前就有了。1672年左右，天主教耶稣会传教士费迪南德·韦尔比斯特（Ferdinand Verbiest）在中国设计了一辆大约650mm长的小型蒸汽车，供皇帝娱乐，其设计被刊登在《欧洲天文学》。虽然有人认为这台机器从未真正制造出来，但费迪南德·韦尔比斯特提出了一种自行车辆的设计概念，也是一项了不起的成就（图1-2）。

一、蒸汽时代下的汽车设计

19世纪，工程学取得了长足的进步，机械化改变了人类的生产和生活方式，能够提供新动力的机器不断涌现，发明家们开始尝试利用新能源取代畜力，发明跑得更快

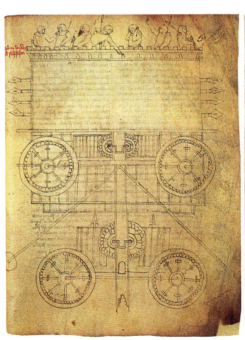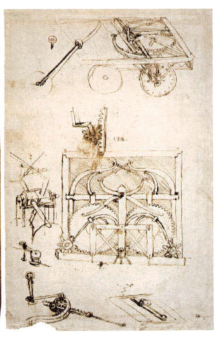

图1-1　吉多·达·维杰瓦诺和达·芬奇的设计图纸

更远的交通工具。在这个过程中，蒸汽和电力等都被作为动力来源尝试过，在当时，很难说哪一种会胜出。

1770年左右，法国陆军工兵军官尼古拉斯·约琵夫·库诺（Nicolas Joseph Cughot）制造了一辆真正的汽车。这是一辆长7.25米、速度为4千米/小时的三轮车，由蒸汽机推动，用于运输大炮。但这辆车问题很多，不仅刹车系统不完善和不稳定，与当时的标准相比，蒸汽机效率也很低（瓦特在1774年才发明了"高效率的冷凝器发动机"）。当然，随着库诺的成功，其继任者也很快出现了。1784年，威廉·默多克（William Murdoch）以模型形式制造了一款新的蒸汽车（图1-3）。

得益于钢铁和蒸汽技术的快速发展，1804年，英国人理查德·特里维希克（Richard Trevithick）在威廉·默多克想法的基础上，发明了小型高压蒸汽机车。这台车在结构上已经初步具备了早期蒸汽机车的雏形，机车由锅炉、烟囱、气缸、动轮、摇杆、连杆、飞轮等部件组成（图1-4）。

图1-2 费迪南德·韦尔比斯特制造的蒸汽车

图1-3 库诺制造的蒸汽驱动车和默多克的蒸汽机车模型

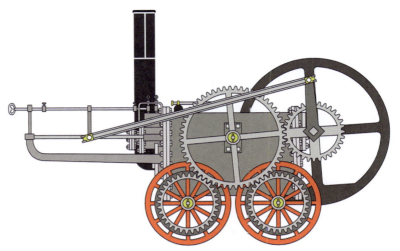

图1-4　1802年设计的科尔布鲁克戴尔（Coalbrookdale）蒸汽机车

1805年，美国人奥利弗·埃文斯（Oliver Evans）发明了两栖挖掘机（Oruktor Amphibolos），这被认为是美国第一辆汽车，是世界上第一艘机动两栖船。此后，人们继续着对蒸汽汽车的探索。例如，第一辆经过证实的、可供个人使用的蒸汽车是约瑟夫·博泽克（Joseph Bozek）于1815年制造的。紧随其后的是1821年朱利叶斯·格里菲斯（Julius Griffith）、1824年蒂莫西·伯斯托尔（Timothy Barstall）的发明。

19世纪90年代，世界各地众多的汽车制造公司开始了蒸汽汽车的商业生产。这一时期，内燃机车还处于起步阶段，电动汽车虽然可用，但行驶距离有限。这是蒸汽汽车的"鼎盛时期"。

而后，随着内燃机技术的成熟，亨利·福特（Henry Ford）流水线技术的发明，以及电启动器技术的应用等，内燃机车比蒸汽机车更受到人们的青睐。1916～1926年，除了加拿大的布鲁克斯公司外，几乎所有蒸汽汽车制造商都在美国。1930年，最后一家蒸汽汽车制造商多布尔停止营业，蒸汽汽车彻底衰落了。

二、早期电动汽车的发展

近年来，随着人们对环境问题的日益关注和对全球石油储量枯竭的担忧，电动和混合动力汽车被视为汽油动力汽车的可行替代品，许多国家都在致力发展和完善电动汽车技术。从这个视角看，相比于内燃机车，电动汽车是一种先进的技术，但事实上，早在一个多世纪前，电动汽车就已经出现了。

19世纪初，电磁技术取得了长足的发展，人们也开始尝试电动汽车的研制。1827年，斯洛伐克牧师安约斯·杰德利克（Ányos Jedlik）制造了第一台粗糙但可行的电动机，配有定子、转子和换向器，并于次年用它来为一辆玩具微型汽车提供动力（图1-5）。几年后，荷兰格罗宁根国立大学教授西布兰杜斯·斯特拉廷（Sibrandus Stratingh）也设计发明了一个小型电动车。

当然，由于技术还处于初始阶段，第一代电动汽车所采用的电机功率还都很低，并不适合实际生产。早期电动汽车没有取得发明者所希望的成功，尽管如此，这时的电动汽车还是走在内燃机汽车前面。

1. 英国电动汽车

英国电力的发展始于19世纪70年代，罗伯特·戴维森（Robert Davidson）于1837年制造了世界上第一台模型电力机车，被认为是电动汽车的起点。但由于使用的是一次性电池供电，运营成本过高，并不适合工业开发。

1884年，英国电气工程师、发明家和实业家托马斯·帕克（Thomas Parker）制造了一款更加实用的电动汽车，采用其公司生产的可充电电池供电。帕克为铅酸电池和发电机的改进申请了专利，他是制造电动电车和电照明设备的先驱。1886年，沃德·拉德克利夫（Ward Radcliffe）制造了一辆由28个电池供电、时速可达13千米的电动汽车。两年后，工程师马格努斯·沃尔克（Magnus Volk）制作了一款更加成功的电动三轮车（图1-6）。

1889年，伦敦电动出租车公司开始提供日常出租车服务，他们配备了3辆电动汽车，并声称其电动车有40节电池，且可以快速更换。但两年后，这家企业因电池过重等一系列技术问题而倒闭。

图1-5 安纳斯·杰德利克的玩具电动车和斯特拉廷的小型电动车

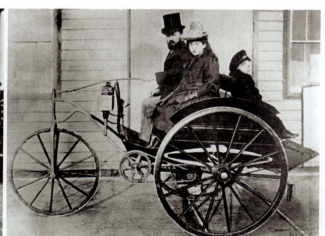

图1-6 托马斯·帕克的电动车和马格努斯·沃尔克的电动车

图1-7 古斯塔夫·特鲁韦的电动车

图1-8 保罗·普尚制的电动汽车和1906年的克里格电动汽车

2. 法国-比利时电动汽车

1880年，法国电气工程师古斯塔夫·特鲁夫（Gustave Trouvé）提高了西门子小型电动机的效率，将其安装到英国考文垂品牌三轮车上，并使用蓄电池为发动机供电，从而发明了世界上第一辆电动汽车（图1-7）。几年后，一些先驱者也开始制造第一批商用电动汽车。

比利时枪械制造商亨利·皮珀（Henri Pieper）于1889年开始制造电动车，而他的儿子于1896年制造了混合动力汽车，这是已知的第一辆平行混合动力汽车。1893年，保罗·普尚（Paul Pouchain）制造了第一辆商业意义上成功的电动汽车，它能以16千米/小时的速度搭载6名乘客行驶70千米。而巴黎的路易斯·安托万·克里格（Louis Antoine Kriéger）于1894年开始生产电动汽车，他引入了第一个再生制动系统，即具有能量回收的电磁制动。这是目前许多电动汽车项目正在开发的解决方案（图1-8）。

早期的电动汽车制造商会参加了一系列在法国举行的赛车比赛，这些比赛促进了重大的技术改进。1898年，法国赛车手加斯东·德·沙塞卢·劳巴特（Gaston de Chasseloup-Laubat）驾驶让托（Jeantaud）电动汽车以63.13千米/小时的速度创造了首个公认的汽车陆地速度纪录。随后，劳巴特又和他的对手卡米尔·杰纳齐（Camille Jenatzy）在几个月内创造了一系列纪录，1899年，杰纳齐驾驶着他导弹形状的电动汽车（Jamais Contente）以105.88千米/小时的速度行驶，这是有史以来陆地车辆首次突破100千米/小时的速度关卡（图1-9）。

比赛有效地刺激了不断上升的汽车市场。由于电动汽车比马甚至蒸汽机车跑得快得多，很快便获得富裕阶层的青睐，成为当时占主导地位的高科技产品，法国也成为当时世界上最大的汽车生产国，直到1904年才被美国超越。

3. 德国-奥地利电动汽车

值得注意的是，电动汽车在德国发展较为迟缓，相对而言，当时的德国工程师似乎对内燃机发动机更感兴趣。

19世纪70年代，在电气方面处于领先地位的西门子哈尔斯克股份公司（Siemens & Halske）致力推广公共交通而非个人交通。在1879年的柏林工业博览会上，他们展示了第一条实用的电车轨道，能够运送6名乘客。1881年，基于早期发明的高效筒式直流电机技术（2.2千瓦，150伏，由轨道供电，1872年），西门子在柏林西南部利希特费尔德郊区建造了世界上第一条有轨电车系统——利希特费尔德电车（Gross-Lichterfelde Tramway）。

图1-9　卡米尔·杰纳齐和他的妻子乘坐导弹形状的电动汽车上

图1-10　Lohner-Porsche Mixte Hybrid混合动力车

图1-11　由威廉·莫里森发明电动汽车

1899年，奥地利工程师费迪南德·保时捷（Ferdinand Porsche）制造了他的第一辆电动汽车Egger-Lohner，这是一辆类似马车的汽车，由前轮轮毂内的两个电动机驱动。通过在后轮加装电动机，其传动系统结构很容易扩展为四轮驱动。三年后，他又发明了一种创新的混合动力汽车洛纳-保时捷（Lohner-Porsche Mixte），四个轮子都可以通过电力驱动。后来，波音公司和美国宇航局借鉴洛纳-保时捷的设计，研发了阿波罗计划的月球漫游车，保时捷的许多设计原理也都反映在漫游车的设计中（图1-10）。

4. 美国电动汽车

美国的高效电力系统出现的时间比欧洲晚一些。1884年，16岁的安德鲁·劳伦斯·里克（Andrew Lawrence Riker）给自己的自行车配备了电动机和电池，制造了一辆朴素的电动自行车，五年后，他成立了瑞克（Riker）汽车公司，这也是美国最早使用电动马达的公司之一。1890年，威廉·莫里森（William Morrison）在得梅因使用他开发的蓄电池制造了美国第一辆四轮电动汽车，能够以22千米/小时的速度运送6名乘客（图1-11）。

1893年，在芝加哥举行的哥伦比亚世界博览会宣告美国已进入电力时代，并为接下来20年电动汽车市场的扩张铺平了道路，一大批电动汽车公司相继成立。1896年，自行车制造商波普制造公司推出了美国第一辆实用电动汽车，为了开拓不断增长的市场，他们还成立了电动汽车公司，并于1897年在纽约和费城推出了美国电动出租车服务。许多发明家注意到电动汽车日益增长的需求，纷纷探索改进技术的方法。例如，托马斯·爱迪生（Thomas Edison）认为电动汽车是优越的运输工具，并致力于打造更好的电池。大约在1900—1910年，电动汽车的生产在美国达到了顶峰（图1-12）。

5. 早期充电基础设施发展

由于电力基础设施缺乏，最初，人们对电动汽车的接受程度有限。但到了20世纪初，随着家庭中电力设备的增加，充电问题得到解决，电动汽车的普及程度逐渐提升。此外，为了克服电动汽车有限的运行范围和缺乏充电基础设施等问题，早在1896年就有人提出了可交换电池服务的设想（图1-13）。

6. 早期电动汽车的衰落

早期电动汽车衰落的原因有很多，以美国为例：首先是需求方面，20世纪初，美国的道路系统不断改善，城市互联，这要求车辆能够行驶的里程更远；技术方面，1912

图1-12　波普公司生产的电动公共汽车和爱迪生的电动汽车

图1-13　早期电动汽车充电照片

年，查尔斯·富兰克林·凯特林（Charles Franklin Kettering）发明了电动启动器，手动曲柄不再必须，解决了内燃机汽车难以启动的问题；成本方面，电动汽车的生产效率低，价格不断上涨，而在福特的推动下，内燃机汽车的成本已经下降到大众可以接受的500～1000美元。

因此，电动汽车从20世纪30年代中期开始逐渐从市场上消失，直到20世纪70年代初，随着石油危机的爆发，电动汽车又得以复兴。

第三节　汽车设计发展

每个时代有每个时代特定的风格或设计美学，本节以时间为线索展现汽车设计演进的历史。（图1-14）。

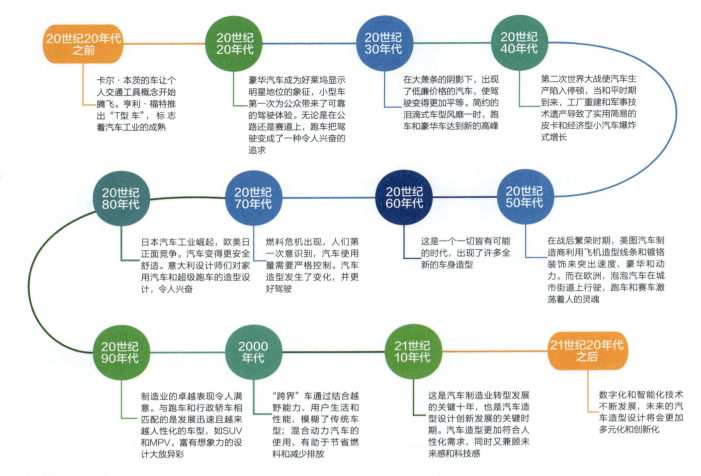

图1-14 汽车设计发展时间线

20世纪20年代之前
卡尔·本茨的车让个人交通工具概念开始腾飞。亨利·福特推出"T型车",标志着汽车工业的成熟

20世纪20年代
豪华汽车成为好莱坞显示明星地位的象征,小型车第一次为公众带来了可靠的驾驶体验。无论是在公路还是赛道上,跑车把驾驶变成了一种令人兴奋的追求

20世纪30年代
在大萧条的阴影下,出现了低廉价格的汽车,使驾驶变得更加平等。简约的泪滴式车型风靡一时,跑车和豪华车达到新的高峰

20世纪40年代
第二次世界大战使汽车生产陷入停顿,当和平时期到来,工厂重建和军事技术遗产导致了实用简易的皮卡和经济型小汽车爆炸式增长

20世纪80年代
日本汽车工业崛起,欧美日正面竞争。汽车变得更安全舒适。意大利设计师们对家用汽车和超级跑车的造型设计,令人兴奋

20世纪70年代
燃料危机出现,人们第一次意识到,汽车使用量需要严格控制。汽车造型发生了变化,并更好驾驶

20世纪60年代
这是一个一切皆有可能的时代,出现了许多全新的车身造型

20世纪50年代
在战后繁荣时期,美图汽车制造商利用飞机造型线条和镀铬装饰来突出速度、豪华和动力。而在欧洲,泡泡汽车在城市街道上行驶,跑车和赛车激荡着人的灵魂

20世纪90年代
制造业的卓越表现令人满意。与跑车和行政轿车相匹配的是发展迅速且越来越人性化的车型,如SUV和MPV。富有想象力的设计大放异彩

2000年代
"跨界"车通过结合越野能力、用户生活和性能,模糊了传统车型;混合动力汽车的使用,有助于节省燃料和减少排放

21世纪10年代
这是汽车制造业转型发展的关键十年,也是汽车造型设计创新发展的关键时期。汽车造型更加符合人性化需求,同时又兼顾未来感和科技感

21世纪20年代之后
数字化和智能化技术不断发展,未来的汽车造型设计将会更加多元化和创新化

一、20世纪20年代之前（从马车到汽车——汽车设计的起步与发展）

1. 奔驰的诞生和早期的汽车企业

梅赛德斯-奔驰（Mercedes-Benz）。1883年，卡尔·本茨（Karl Benz）成立了奔驰汽车公司，1886年，卡尔·本茨发明了世界上第一辆三轮汽车，并相继推出改进车型。同样是在1886年，戈特利布·戴姆勒（Gottlieb Daimler）发明了世界上第一辆四轮汽车，而后于1890年戴姆勒汽车公司成立。1926年两家公司合并成立戴姆勒-奔驰公司，以梅赛德斯-奔驰命名汽车，此后，奔驰便成为高品质、高性能汽车的代表。奔驰的诞生改变了载人交通工具的历史，蒸汽动力的时代过去了，使用燃气内燃机的时代来临了，更重要的是在众多发明家、工程师和企业家的努力下，汽车开始从试验品变成了消费品，汽车开始进入到大众的日常生活之中（图1-15）。

意大利方面，1899年，乔瓦尼·阿涅利（Giovanni Agnelli）创立了菲亚特公司，并逐渐将其发展为世界上最具影响力的汽车集团之一，其他还有一些体量较小但声誉极高的制造商，包括蓝旗亚、阿尔法-罗密欧、玛莎拉蒂和法拉利（现在都是菲亚特的一部分）等。法国方面有德迪翁-布顿、标致和雷诺（后两家仍然存在）。其他欧洲国家的品牌还有：比利时的密涅瓦、冶金；瑞士的马提尼；奥地利的戴姆勒和斯泰尔；捷克斯洛

图1-15　1888年本茨设计第三型汽车

图1-16　德迪翁－布顿汽车（1901年）和哈梅尔汽车（1888年）

伐克的斯柯达和塔特拉；西班牙的埃利萨德等，以及在21世纪初仍在运行的，1888年丹麦制造的哈梅尔（图1-16）。

美国方面，一般认为查尔斯·杜瑞亚（Charles Duryea）和弗兰克·杜瑞亚（Frank Duryea）于1892—1993年成功研制了第一辆汽泊动力汽车。1902年，奥兹莫比尔汽车超过蒸汽机车成为美国最畅销的汽车。从1904～1908年，大约有241家汽车制造公司在美国开展业务，其中就有福特汽车公司。

2. 福特T模式

现代流水线之父亨利·福特（Henry Ford）于1903年在美国创立了福特汽车公司，他因使用流水线技术生产出了大量的廉价汽车，受到人们赞誉，这彻底改变了汽车行业。福特于1908年10月推出T型车，售价950美元，可以说这是汽车购买主体由汽车爱好者转向普通用户的开始（图1-17）。

自1911年起，T型车在英国、日本、德国、阿根廷和加拿大等国由各地的工厂生产组装。20世纪20年代中期，福特公司意识到竞争对手正在推进汽车设计的革新，因此最后一辆福特T型车于1927年5月26日离开装配线，此时T型车已生产了1500多万辆。它

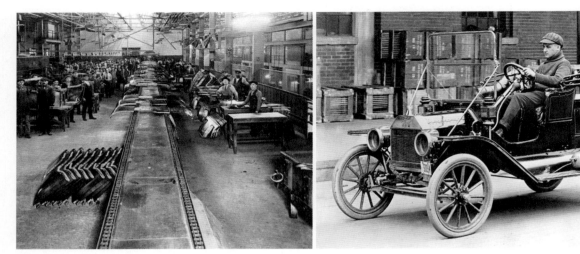

图1-17　福特汽车工厂内部与福特T型旅行车

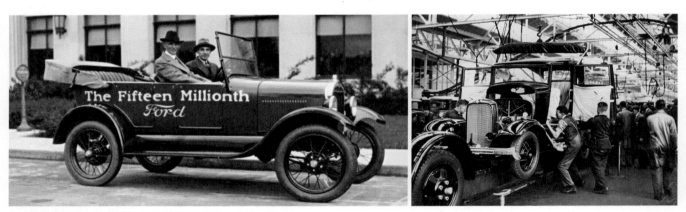

图1-18　第1500万辆福特T型车和英国的福特汽车公司工厂

的生产是当时先进工业生产技术与管理的典范，为汽车产业及制造业的发展做出了巨大贡献（图1-18）。

二、20世纪20年代（艺术装饰与美学追求——汽车设计的繁荣期）

消费社会悄然兴起，在欧美国家，电影明星和商业大亨逐渐取代传统富裕家庭，成为消费的引领者，豪车华丽的车身、闪亮的铬镀层和鲜明的颜色是展现其生活方式的最佳载体。同时，制造商也竞相面向中产阶级推出各式各样小型、实用的车型，使中产阶级成为汽车消费的主体，虽然当时的小型车还存在各种问题，甚至体型小到不易使用，但却预示了汽车工业未来的发展方向，同时，四缸发动机、每个轮子都配备制动器等技术也逐渐成熟起来（图1-19）。

20世纪20年代也是赛车快速发展的年代，随着汽车工业的成熟，比赛不再是发明家检验车辆性能的手段，而是车企展现其研发和生产等综合能力的舞台。意大利1600公里耐力赛和法国勒芒24小时赛车比赛相继出现。这些比赛极大地推动了汽车设计的发展，汽车造型设计的风格也逐渐确立下来：发动机前置、轻量化、流线型车身等（图1-20）。

图1-19　豪华车杜森伯格J型（1928年）和小型车哈诺马格2/10PS（1925年）

图1-20　布加迪35B型赛车（1927年）

图1-21　豪华车凯迪拉克60Special（1938年）

与此同时，随着道路基础设施的改善和石油价格的降低，汽油车能够比同级别电动车行驶更远、更快的优势越来越明显。电动汽车鼎盛的时期过去了，此后十年，电动汽车渐渐消失。

三、20世纪30年代（流线型美学——汽车设计的转型之年）

20世纪30年代，美国和欧洲的少数汽车设计师和工程师开始将注意力转向了空气动力学，以飞机和火车的气动造型为参考，设计出具有大曲线和弧形、符合空气动力学性能的汽车造型。这个时期的汽车已不再是方正的矩形车体造型，其外形变得更加流畅和富有动感。

虽然1929年的大萧条严重打击了汽车行业，但很快，特别是在美国，汽车行业成为人们战胜大萧条、继续迎接美好生活梦想的载体。豪华车方面，新技术不断应用，优雅、舒适、速度仍然是其典型的造型特征。而小型车方面，实用的四座轿车也基本成型（图1-21）。

此外，竞技赛车蓬勃发展，意大利和德国的企业先后主导了欧洲赛车比赛。同时，受赛车比赛影响，许多制造商开始推出可以在公路和赛道上同时使用的车型（图1-22）。

图1-22　摩根4/4勒芒（1935年）

图1-23　小型车大众甲壳虫（1945年）和豪华车戴姆勒DE36（1946年）

四、20世纪40年代（战争对汽车设计的影响）

　　第二次世界大战期间，交通工具设计更加注重实用性，而为了运送食物和补给，货车和皮卡变得更加重要。第二次世界大战后，设计成为独立的职业，在战后重建的日子里，设计师开始发挥他们的作用，将简约耐用的交通工具推向大众，满足他们日益旺盛的消费需求。面向中产阶级的小型汽车成为各大汽车企业的重心，至40年代末，许多小型车的销售量已达到百万辆。甲壳虫无疑是这一年代汽车设计的代表，战后的甲壳虫延续了战前流线型的造型语言，并通过技术改进降低成本、减少燃料消耗，创造了当时单一车型销售的世界纪录。另一方面，大型豪华车的设计变得越来越保守，逐渐淡出了人们的日常生活。在造型方面，设计师借鉴了20世纪30年代的流线型风格，赋予了它光滑的外形，并减少了燃料消耗。到了1949年，人们被压抑的消费需求得到满足，许多小型汽车销量达到了百万辆，而中档轿车和豪华车却恰恰相反，因为还是采用了战前的车身风格，自第二次世界大战后就很少有人购买大型豪华轿车，大多数汽车设计也越来越保守（图1-23）。

　　跑车方面，第二次世界大战后的英国制造商试图将跑车卖到美国，赚取利润，但因生产的汽车体积太大，无法与欧洲其他国家灵活的跑车相抗衡。赛车方面，随着1946年大奖赛的重新开始，意大利的阿尔法罗密欧和玛莎拉蒂等小型增压赛车占据了主导地位（图1-24）。

五、20世纪50年代（流线与繁荣——汽车设计的黄金时代）

　　20世纪50年代的美国已进入消费社会，繁荣的市场带来了有史以来最放纵华丽的汽车设计，汽车的尺度变大，各层次的汽车制造商使用的装饰物越来越多：镀铬、鳍、子弹或飞机造型。这种风格一直持续到50年代末，才被更加柔和的造型取代。欧洲方面，由于经济还处于恢复期，制造商以生产较小的经济型家用汽车为主，但相比之前家用汽车变得更宽敞、舒适，更具速度感。

　　20世纪50年代是跑车设计的黄金时代，美国的巨大需求推动了本土和欧洲设计的进步，设计师用华丽流畅的线条表达汽车的速度感，车身也变得越来越低。赛车方面，前置引擎和盘式制动器表现出明显的优势，有助于改善赛车性能，在比赛中获得了巨大的成功（图1-25）。

图1-24 阿尔法罗密欧158阿尔费塔（1948年）

图1-25 别克-里维埃拉（1958年）

图1-26 雪佛兰-克尔维特跑车（1953年）和奥斯汀Mini 7（1959年）

值得注意的是，随着1956年苏伊士运河危机等事件的发生，燃油经济性成为汽车设计必须面对的问题。一方面，Mini车型进入市场，Mini不仅具有小尺寸和简洁的外观，内部空间和操控性也越来越得到认可（图1-26）。另一方面，虽然一些因战争而缺乏燃料的欧洲国家一直在尝试电动汽车的研制，但收效甚微。

六、20世纪60年代（风格多样、个性化——汽车设计的变革年代）

20世纪60年代，美国设计师开始反思前十年过度的装饰风格，干净流畅的流线型再次流行，并且更加简约和纯粹。欧洲和日本方面则少有这种负担，汽车设计更加自由，重量轻、性能好、线条更流畅简洁的车型越来越多，传统大尺度的汽车则失去了市场。

赛车方面，许多制造商开始将发动机从传统的前端移到中间或后部，改进重量分配，以便在赛道上获得更多的成绩。而跑车方面，尽管有很多车型可供选择，但随着封闭式轿车越来越受欢迎，敞篷跑车在这一年代逐渐衰落（图1-27）。

此外，20世纪60年代中期还出现了一些电动概念汽车，如苏格兰航空Scamp和通用汽车的Electrovair等，但因种种原因，并没有实际投产（图1-28）。

图1-27 萝拉T70（1965年）赛车和福特野马硬顶轿跑车（1964年）

图1-28 通用Electrovair
（1966年）

七、20世纪70年代（安全性、节能性与新材料——汽车设计的新挑战）

20世纪70年代，随着对车辆安全性和燃油经济性的强调，汽车造型发生了戏剧性的转变，20世纪60年代那种流畅的曲线被轮廓清晰、棱角分明的造型替代，汽车外观变得更加方正和紧凑。

从20世纪60年代末开始，美国制造商开始追求高性能，在汽车上安装了强大的V8发动机，使汽车成为令人生畏的竞赛"肌肉车"。这种"肌肉车"在1970年达到顶峰，而后受到石油危机的影响逐渐衰落，汽车的动力输出也大幅下降。相应的，Mini在20世纪60年代掀起了小型车的革命，到了20世纪70年代，小型车成为制造商争夺市场的焦点，几乎所有车型都保留了Mini的前置引擎布局，并增加了掀背造型（图1-29）。

电动车方面，1971年7月31日，电动汽车获得了一项独特的荣誉，那就是月球车，这是第一辆在月球上行驶的载人汽车，月球车配备了不可充电电池，每个轮子都有一个直流驱动电机。当然，月球车并不能简单地被定义为是一辆汽车，它更像是一个小型化、低功耗、高集成，并可以独立完成工作的机器人。

图1-29　奥兹莫比尔442（1970年）和小型车菲亚特127（1971年）

图1-30　小型车塔尔伯特-桑巴（1982年）和吉普-切诺基（1984年）

八、20世纪80年代（日系车、欧系车、美系车——汽车造型设计的地域风格化）

在美国，由于燃料充足且廉价、道路宽阔，大型车一直有着良好的市场，制造商很晚才注意到小型车和节油车的趋势。而日本和欧洲则走在前面，车身材质开始采用轻量化的塑料和复合材料，汽车的外形变得更加流线型和动感。同时，运动型多功能车（SUV）的市场在持续增长，而为了携带更多的物品，宽敞的七座多功能车（MPV）开始出现（图1-30）。

20世纪80年代，敞篷跑车是狂热爱好者的专属，追求速度的大众则转而购买运动跑车。运动跑车的流行使制造商们推出了符合赛车标准的日常用车（图1-31）。

电动车方面，虽然能源危机重新引起人们对电动汽车的兴趣。但诸如热销的辛克莱C5之类的车辆最终也以失败告终，电动车仍然没有什么起色。

图1-31　奥迪V8 DTM（1988年）和法拉利F40（1987年）

图1-32　奥兹莫比尔-极光（1994年）和宝马V12 LMR（1998年）

九、20世纪90年代（汽车设计的多元化）

由于观念的落后，在20世纪80年代，北美的汽车设计落后于欧洲和日本，许多市场份额被抢走。直到20世纪90年代，美国设计师凭借复古风格获得了新生，他们在过去造型的基础上创新，收到了良好的效果。赛车方面，这是技术飞速发展的十年，制造商努力追求比以往任何时候都更好的性能（图1-32）。

20世纪90年代，汽车变得更加运动的同时，舒适性也成为关注的重点，各大制造商都在隔音、防风、供暖和通风等方面投入精力，以确保安静舒适的驾驶体验。此外，随着消费者对节能环保兴趣的下降，运动多功能型汽车获得了更多的青睐（图1-33）。

十、2000年代（科技与环保——汽车设计的双重关注）

2000年之后的汽车造型设计呈现出多元化的创新。设计师意识到消费者更加喜爱更高、更安全、用途更广的汽车，因此多用途车辆产量激增，跨界车与越野车的数量逐渐增多。小型车方面，为了满足减排和提高燃油效率的要求，两座或最多四座的微型城市汽车成为这一时期的重点（图1-34）。

赛车和跑车方面，计算机设计和制造对设计产生了巨大的影响，每个制造商都在过去与未来之间寻找前沿的概念，诠释自身品牌的设计理念（图1-35）。

图1-33　奥迪-A8（1994年）和大众 甲壳虫（1998年）

图1-34　雷诺-Avantime（2001年）和小型车塔塔 纳米（2009年）

图1-35　奔驰-CLK DTM（2003年）和摩根Aero 8（2001年）

十一、21世纪10年代（未来感与人性化——汽车设计的创新）

在21世纪10年代，新能源汽车迎来了转机，在设计上也逐渐与传统燃油汽车形成了明显的差异，新能源汽车可分为全电动车、混合动力车和燃料电池车。

全电动车的造型主要以功能性为主导，为提高其行驶里程，车身线条更加注重空气动力学，以降低风阻，同时随着人们对环保理念的重视，全电动车车身材料多采用环保塑料、复合材料等，以减少对环境的污染和资源的消耗。混合动力车的变化更多体现在细节的改进上，例如，进气格栅通常会更小，车身也更加流线型。而燃料电池车则通常采用更加简约、纯净的设计风格。

赛车领域，随着电动汽车技术的发展，电动赛车出现了，例如Formulec EF01，造型更加注重动感和速度感，线条更为流畅，注重细节的处理，以提高赛车的视觉冲击力和性能表现，提供令人兴奋的驾驶体验（图1-36）。

21世纪10年代，小型车迎来了高峰，随着燃油价格的攀升和环保意识的增强，消费者对小型车的需求不断增加。其造型特征主要表现为简洁、流畅和时尚等，整体呈现出轻盈、动感的特点。而豪华车的造型设计则更注重奢华和品位，如采用独特的前进气格栅、车灯设计、大尺寸的车轮等，以突出高端品质（图1-37）。

十二、21世纪20年代（数字化与智能化——汽车设计的趋势）

21世纪20年代，数字化和智能化的浪潮深刻改变着汽车行业，数字化和智能化设计的应用使汽车设计能够更加精确地表达设计意图，同时也可以提高汽车的安全性和便利性。

新能源汽车的造型设计同时受到数字化和智能化的影响，与21世纪10年代相比，21世纪20年代的新能源汽车更加注重人性化设计和数字化体验。外观设计方面，新能源汽

图1-36　特斯拉Model S（2013年）和Formulec-EF01-电动赛车（2014年）

图1-37　小型车大众-Polo（2010年）和豪华车劳斯莱斯 库利南（2019年）

车更加注重动态感和未来感，以迎合年轻消费者的审美需求。内饰设计方面，数字化、智能化成为新方向，用户体验成为更加重要的考虑因素。

当前，小型车和中端家用车向着简约和科技化的趋势发展，更关注可持续性和电动化，如采用新材料、新工艺和新技术等，以提高车辆的节能环保性能和行驶效率。小型车造型线条更加流畅、车身更为紧凑、外观更为简洁；而中端家用车的外观造型则偏向简约大气，车头部分的线条更为锐利，车身比例更加和谐，整体宽度更大，车身形态更加丰富多样（图1-38）。

21世纪20年代的跑车设计更加注重科技感和智能化，车身采用轻量化材料，辅助独特的光影设计、LED矩阵大灯、电动车门等，以提升车辆的科技感和高端感。

随着市场竞争的加剧，汽车设计将不断探索新的设计理念和风格，未来的汽车设计会更加注重数字化、智能化，为消费者提供更加舒适的使用体验，满足他们对美好生活的期待与向往（图1-39）。

本章总结

回顾历史，不难发现汽车造型设计经历了一个漫长而又充满变化的历程。汽车作为人类社会的重要交通工具，其设计一直是引领时代的先锋。汽车设计的早期阶段，汽车的造型设计主要以实用性和功能性为主要目的，注重车身的稳固性和耐用性，以及在不

图1-38　小型车五菱宏光Mini EV（2022年）和特斯拉Model 3（2022年）

图1-39　奥迪R8 GT（2023年）和奔驰-Vision AVTR概念车（2020年）

同路况下的安全性。车身设计通常比较简单，直线和曲线相对平缓，基本上符合"形式追随功能"的原则。这一阶段，汽车设计的主要目的是解决技术和功能问题，尚无暇考虑美感和艺术性。

随着时代变化，人们的审美观念也发生了变化，车身线条变得流畅，设计变得更加复杂，精细度也不断提高，美感和艺术性逐渐取代了功能性成为汽车设计的重点。而后，环保和可持续发展成为全球关注的焦点，汽车制造商和设计师们开始将环保和可持续发展的理念融入汽车设计中，环保型汽车、电动汽车和混合动力汽车成为汽车设计的新方向。

随着科技的不断进步和发展，设计师们将科技元素融入到汽车设计中，自动驾驶和智能互联技术的引入，不仅提高了汽车的性能和安全性，也使汽车更具有智能化和人性化的特点。未来，随着人工智能、虚拟现实、增强现实等新技术的不断涌现和成熟，汽车设计也将持续发展和创新，汽车设计师们将拥有更加广阔的想象空间。

总的来说，汽车造型经历了从简单到复杂、从方正到流畅、从豪华到环保，以及科技发展的历程。在不断演进的过程中，汽车设计为人类提供了更加美观、安全、环保、舒适和智能化的出行体验。未来，我们期待更加创新、多元和智能化的汽车设计。

课后思考

（1）请结合设计史知识，举例并讨论不同时期艺术思潮对汽车造型的影响。

（2）查阅资料，整理1949年至今我国汽车设计发展史时间线。

第二章　汽车造型设计基础知识

教学内容： 1. 汽车造型设计语言
2. 汽车造型设计流程
3. 新能源汽车造型设计前瞻

教学目标： 1. 了解汽车造型设计的基础知识
2. 熟知汽车造型设计的语言特征
3. 了解汽车造型设计的前瞻性知识

授课方式： 多媒体教学，理论与设计案例相互结合讲解并设置课堂思考题

建议学时： 12～18学时

　　汽车是人类文明进步和科技发展的象征，汽车造型设计主要涉及外观设计和内部构造设计，是车辆设计的重要组成部分，也是汽车工业的核心竞争力之一。本章旨在为汽车设计相关专业人士介绍汽车造型设计的基础知识、设计语言、设计策略与方法，以及新能源汽车造型设计前瞻等方面的知识，使其掌握汽车造型设计的理论和方法，更好地理解汽车造型设计的特点。

第一节　汽车造型设计语言

　　汽车造型设计是一门充满创意和挑战的艺术。它不仅是汽车品牌形象的重要组成部分，也是影响消费者购买决策的重要因素之一。汽车造型设计的起源可以追溯到19世纪末20世纪初的欧洲和美国，当时汽车刚刚出现，造型设计主要考虑功能性和实用性，很少考虑外观美感。而后随着科技进步和社会发展，汽车逐渐从单一的交通工具转变为既具有交通功能，又具有文化、艺术和娱乐功能的多元化产品，汽车造型设计也随之得到重视。

　　随着人们对汽车的需求和期望不断提高，汽车造型设计不断地发展变化。现代汽车造型设计的主要趋势如下。

　　科技化：随着科技的不断进步，智能化、互联化和电气化等技术在汽车中得到广泛应用。未来汽车的造型设计将更加注重科技感，呈现出先进性、未来感和高科技感。

　　环保化：随着环境保护意识的增强，越来越多的汽车制造商开始关注汽车的环保性能。未来汽车的造型设计将更加注重环保感，展现出绿色、清新和环保的特点。

　　个性化：消费者对汽车个性化需求的提升推动了汽车造型设计的多元化和个性化发展。未来汽车的造型设计将更加注重个性感，呈现出多样化、差异化和个性化的特点。

　　品牌化：随着汽车市场竞争的加剧，汽车品牌的力量变得越来越重要。未来汽车的造型设计将更加注重品牌感，展现出品牌形象、品牌特色和品牌风格的特点。

　　汽车造型设计是一门融合创意和挑战的设计艺术，它不仅构成汽车品牌形象的重要组成部分，也影响消费者的购买决策。通过掌握汽车造型设计的基础知识、遵循设计要素和原则，并紧跟汽车设计的发展趋势，设计师能够创造出兼具美感、功能性和市场竞争力的汽车造型设计（图2-1）。

图2-1 双座跑车侧面绘制

造型语言是设计师用来表达汽车品牌思想和特色的重要方式，包括形态语言、设计风格和设计理念等，它们共同塑造汽车的外观形象和内涵。形态语言通过线条、曲面、角度和比例等元素来表达汽车的外观形态；设计风格展现的是外观的风格，如运动、豪华、时尚、环保等风格，吸引不同类型的消费者，设计风格决定了外观的氛围和视觉效果；设计理念是背后的设计思想和观念，如未来感、环保、科技、人性化等，影响消费者对汽车的认知和评价，独特的设计理念会创造引人瞩目的视觉效果和情感共鸣。以下主要介绍汽车造型设计的形态语言。

一、汽车造型设计的设计特征

汽车造型设计是汽车工业不可或缺的组成部分，它对于汽车品牌形象、市场竞争力和消费者购买决策有着重要的影响。在进行汽车造型设计时，设计师需要综合考虑的因素包括美学、人体工学、空气动力学、车辆性能和安全性等，以实现汽车外观设计的美感、实用性和科技感。汽车造型设计涉及多种设计元素，主要包括线条、曲面、比例、体积和色彩等。线条和曲面是最基本的设计元素，它们的组合方式决定了车辆的外观形态和设计风格。比例和体积则决定了车身的大小和比例关系，为整个车辆赋予视觉上的平衡与协调。而色彩作为另一个设计元素，常被用来凸显车辆的外观特点和品牌特色。通过精心运用以上设计元素，并结合人体工学、空气动力学、车辆性能和安全性等方面的考虑，设计师便能够创造出令人瞩目的汽车外观，提升品牌形象和市场竞争力。

汽车造型设计中的线条是面的转折和形状的分界，汽车造型设计涉及的线条及相互关系非常复杂。设计师首先需要把握其中的特征线，特征线的形态、动态和空间组合关系决定了整车的造型特点，这是造型的核心。其次通过提取和推敲特征线，设计师可以快速确定汽车造型设计的特征和核心思想。特征线主要包括轮廓线、腰线、肩线和窗形线等。了解和分析这些特征线对于理解和评价汽车造型至关重要（图2-2）。

轮廓线在汽车外观设计中扮演着至关重要的角色。它是指从汽车车身正侧面观察时所呈现的连续曲线，沿着发动机进气格栅、发动机舱罩、前挡风玻璃、车顶、后挡风玻璃和尾部等部位形成。作为汽车车身上几个连续曲面转折形成的一维曲线，轮廓线在汽车造型设计中起着举足轻重的作用，它不仅仅是视觉上的一条线，更是塑造汽车形象和传达设计理念的关键元素之一。

腰线是位于汽车侧面、贯穿整个车身的一条清晰可见的线条，在前保险杠到后保险杠之间，穿过前后轮口，在车侧门下方的分型线之上、肩线以下。腰线由车身表面的连续曲面转折形成，被前后轮口分割为三段，前后端与保险杠的转折线形成呼应。腰线与肩线的相互作用也是设计师关注的焦点，腰线的走势和形态需要与肩线协调一致。

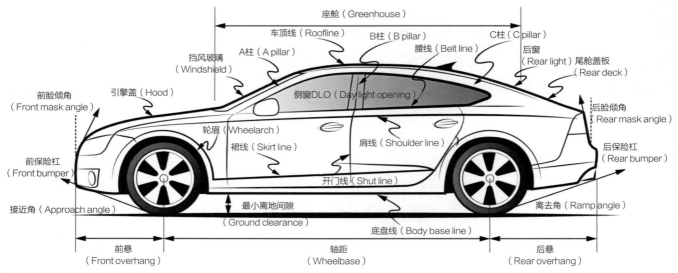

图2-2　汽车造型线标注

　　肩线是从汽车前部车灯、前翼子板、窗台下沿到后翼子板、尾灯之间的一条空间曲线，是视觉上的趋势线。肩线主要由车身侧面的各种曲面转折形成，可以是一条连续曲线，也可以由几段线条组合而成，是汽车造型风格的重要特征之一。

　　窗形线指汽车侧面车窗与车身侧围外板的分型线，是汽车造型设计中非常重要的影响特征元素。因为车身侧面窗形是汽车造型中最主要的颜色反差面，它能起到对比和强调的作用。鉴于车内的视野范围、车内头部空间以及空气动力学的限制，一般轿车侧面车窗的窗形线前部随汽车A柱走势设计，上部随着车顶侧面轮廓线的趋势设计，大部分轿车都采用这样的处理方式。

　　在汽车造型设计中，特征线起着重要作用。汽车造型的特征线并不是孤立存在的，它们紧密呼应，相互协调，塑造整体的视觉感受。在汽车造型设计中，统一协调的特征线是造型评价的重要指标。需要注意的是，在初期草图设计中，特征线是平面线条，但实际上，特征线是三维空间的曲线，是由面的转折形成的视觉线条。除以上特征线外，车身覆盖件中的前后保险杠、车门、发动机罩和行李舱盖的分型线也与整车的造型风格密切相关，它们的走势和转折与造型特征线相互协调，共同塑造整车的风格和特征。

　　线条与曲面的结合形成了汽车造型的设计元素，包括前脸、灯组、车顶、轮毂和车门等多个部分。

　　前脸设计是汽车外观设计中最引人注目的部分，也是构建汽车品牌形象的关键组成部分。在前脸设计中，需要综合考虑品牌形象、市场需求以及车辆性能和安全性的要求。前脸通常由前灯、进气口、格栅、雾灯等组成，每个部分的形状、尺寸和比例都需要精心设计，以便打造出协调、美观且具有品牌特色的前脸形象（图2-3）。

　　灯组设计在汽车中扮演着重要的角色，不仅具备照明功能，还是外观设计中不可或缺的要素之一。通常，灯组由前灯、尾灯、刹车灯和转向灯等部分组成，每个部分的形状、尺寸和亮度等因素都需要仔细考虑，在确保满足照明和安全性的同时，与整车外观相协调，共同营造视觉美感和品牌形象（图2-4）。

车顶设计是汽车外观设计的另一个重要元素。车顶设计应与车身整体相协调，并考虑车辆的实用性和视觉效果，在整体形态、实用性和美感之间需取得平衡。一般而言，车顶可分为前部、中部和后部三部分，每个部分的形状和倾角需考虑到整车外观和空气动力学要求。同时，还要考虑车窗的位置和大小等因素，以提供舒适的室内空间和良好的视野。此外，根据车型的不同，还可以考虑在车顶添加行李架或车顶盒等装置，以满足车主个性化的功能需求（图2-5）。

轮毂设计需要兼顾车辆性能、美感，以及市场和品牌形象方面的要求。典型的轮毂设计由轮辋和轮辐两部分构成，每部分的形状、尺寸和材质都需精心设计，以实现视觉上的美感和高品质感。

图2-3 汽车设计中都有自己独特的前脸

图2-4 三款不同概念车型的前车灯

图2-5 三款不同概念车型的车顶

图2-6　不同样式的车门

图2-7　三款不同车型的后视镜

　　车门设计在整车外观中同样起着至关重要的作用。设计师需要考虑车门的尺寸、形状和线条等因素，同时也要考虑车门的开启方式和方向等。车门的造型设计应与车身整体的比例和美学风格相协调，同时满足实用性和人体工程学的要求。而且，车门的线条设计还应关注流畅性和动势，以增强车辆整体的动态感（图2-6）。

　　车门的开启方式和方向也是车门设计需考虑的重点。设计师应根据车辆类型和使用场景设计车门的开启方式和开启方向，并确保其便利性和操作舒适性，如常见的传统门、旋转门、侧滑门等。除外观方面，车门设计还必须满足实用性和人体工程学的要求，车门的尺寸和形状应考虑乘客上下车的便利性，以及车门开启时与周围环境的安全间隙；车门的开启角度和操作力度应符合人体工程学原则，以提供舒适的使用体验。

　　后视镜设计是汽车外观设计的细节之一。除要与车身整体形态和比例相协调，后视镜设计需要综合考虑视野范围、镜面尺寸、安全性和实用性等多方面因素。人体工程学方面，后视镜设计应符合人的使用习惯和操作需求，确保后视镜的位置和调整方式便于操作，提升使用的便利性和舒适性（图2-7）。

　　车标设计是汽车品牌形象的关键组成部分，车标设计需要综合考虑品牌形象、美学和实用性等因素，将线条、形状或图案与品牌形象建立密切的联系，准确传达汽车品牌的特征和价值观。同时，车标应具备良好的可识别性。

　　车身颜色和质感是影响消费者购买决策的关键因素。车身颜色和质感的设计需要综合考虑品牌形象、市场需求和消费者喜好等因素。不同颜色和质感可以传递不同的情感，例如，红色和黄色等明亮的颜色通常给人带来活力和激情的感觉，适合与年轻、动感的品牌形象相匹配，而黑色和深蓝色等深沉的颜色则常常被用于表达奢华、稳重的形象，适合与高端品牌相搭配。

二、汽车造型设计的灵感来源

　　汽车造型的设计是个复杂的过程，感性和理性共存。设计实践中，设计师往往从以下几方面汲取设计灵感。

图2-8 量产车中的情绪模仿

1. 仿生设计

仿生是汽车造型设计常见的手段，主要包括情感仿生、形态仿生、结构仿生和色彩仿生等。

情感仿生是未来汽车设计和汽车设计师教育的重要课题之一。产品的形状、比例和表面肌理可以传递特定的情感体验，如豪华、动感、稳重等。设计师通过对造型所具有的情感的研究和设计，创造出能够产生和传达特定情感体验的汽车外观，提升产品的情感感知和用户体验，建立用户与产品的情感联系，激发情感共鸣，增强产品的吸引力，引发用户对产品的认同感（图2-8）。

形态仿生是汽车造型设计最常见的手法，成熟的设计师善于从人类周围生物世界的形式中提取并总结造型趋势，并将其应用于汽车设计，这些创新的想法和造型的灵感使车辆看起来更加富于动感和流线型的趋势。

结构仿生在汽车设计中同样具有重要的作用，是指通过理解自然界中生物的结构特点，并将其融入汽车设计之中。结构仿生不仅能提升汽车设计的美感，还有助于提升汽车的安全性和稳定性。

色彩仿生主要体现在车身及内饰表面工艺的处理上，有助于提升汽车设计的美感和生命力，是形成差异、吸引消费者的有效手段。

2. 品牌传承

品牌特有的设计语言是指通过一系列设计元素、比例关系、线条特征以及品牌的标志性特征等因素共同形成的产品品牌特有的视觉语言。在现代车辆设计中，人们可以准确辨认出车辆的制造公司。特点的部件设计可以提升车辆的辨识度，图2-9中不同车型的大灯、格栅和前保险杠等部件的设计充分体现了车辆的设计语言和品牌特色。

设计语言的传承，有助于汽车品牌在市场中保持一致的形象，并在消费者中建立品牌认知度和忠诚度。首先是从品牌的历史和传统中汲取灵感，这些经典因素可以作为设计的基础，确保新车型与品牌的延续性。其次是关注市场趋势和消费者需求的变化，设计师需要在传承中创新，以使品牌与时俱进。此外，技术和材料的使用为设计语言的传承与创新提供了可能，设计师可以利用先进制造工艺和材料创造独特的设计效果。最后，设计语言的传承需要设计人员具有良好的品牌解析和设计能力，需要对品牌的核心价值、目标市场和消费群体有深入的了解。

3. 汽车造型中的尺寸约束

尺寸约束首先体现在车轮上，车轮是测量汽车长度、宽度和高度的基准值，不同类型的汽车具有不同的轮距和轴距配置，这取决于车辆所需的体积和空间，车轮尺寸和位置确定后就可以着手构建汽车的其他部分了。而轮毂设计也是汽车造型的重要表征，决定着设计的整体风格与特色。此外，车身高度大约应为车轮高度的2～2.5倍，这样的比例具有更加稳重的平衡感（图2-10）。

支柱是汽车造型尺寸约束的另一个重要因素，它是指汽车的窗户或车厢区域垂直或接近垂直的支撑结构，通常按侧视图从前到后分别称为A柱、B柱和C柱。如果从A柱的底部画一条延伸线，它大概指向前轮中心附近，当然由于技术原因，在前驱、后驱或中置发动机的汽车上会略有不同（图2-11）。

汽车设计中另一个重要的考虑因素是车窗与车身之间的比例。通常情况下，车窗高度约占整个车辆高度的1/3。如果高度小于1/3，车辆将会表现出更强烈的运动性和侵略性。

图2-9　不同车型前脸设计语言的传承

图2-10　轴距和车身总高度

图2-11　A柱的位置和方位、车窗与车身比例

第二节　汽车造型设计流程

汽车造型设计策略与方法是指设计师在设计过程中采用的一系列策略和方法论，包括设计流程、创意方法和评价等。而设计流程通常包括需求分析、概念设计、外观设计、细节设计和评估改进等阶段，这些程序和方法有助于确保最终设计与预期要求相符。

一、汽车造型设计的设计流程

1. 初期规划

首先，通过调查研究，了解目标用户的使用需求和审美偏好，以及市场供需状况，这有助于设计团队更好地了解目标市场，在设计中把握用户的真实需求。在产品规划初期，需要收集详尽的技术和相关因素等资料，确定车辆类型、造型风格以及与同级别车型和竞争对手的关系。其次，综合考虑用户需求调查、市场现状、技术工艺手段、开发设计能力和成本控制等因素，进行可行性分析，预测产品是否能够满足市场需求，是否能为企业带来利润。在造型设计方面需要确定产品的风格、形象和造型设计方向。最后，制定设计任务书，明确形式、尺寸、质量指标、性能指标以及各组成部分的形式和性能等方面的具体要求。

2. 方案设计（手绘草图）

手绘草图是造型的开始，设计师根据总体方案确定的尺寸和基本形状，结合自己的理解和观点，勾勒出具象的外观形象。方案设计包括一般概念发散和深入探讨两个阶段。在概念发散阶段，设计师尽情发挥想象力，通过概念发散，初步确定设计意向。在深入探讨阶段，设计师从众多草图中选出具有发展潜力的方案进行深入讨论，这包括对各种造型细节和结构等方面的深入研究，以明确设计的细节和特征。方案设计是一个迭代的过程，设计师需要不断地调整和改进，逐步打磨，才能得到最终的设计方案（图2-12）。

需要注意的是，在这个过程中，设计师不仅要有丰富的想象力和创造力，还要具备良好的团队合作能力。需要充分发挥设计师的想象力和创造力，并与其他团队密切合作，以实现设计的目标和要求。

3. 创意方案初审

创意方案设计完成后，通常会提供多种备选方案进行评审。对于全新开发的车型，一般会提供6~9款备选方案，以效果图的方式展现不同方案的外观特点和设计细节，让

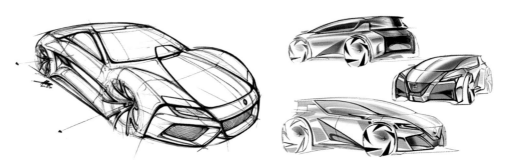

图2-12　概念汽车手绘方案设计

图2-13　设计软件三维数字模型制作

图2-14　概念汽车比例模型制作

评审团队全面了解每个方案的潜力和吸引力。在设计评审过程中，专业评审团队会对每个备选方案进行综合评估，考虑诸如外观美感、品牌一致性、市场竞争力等因素，对每个方案的创新性、独特性和符合目标用户需求的程度进行评判。评审团队还会关注每个方案的可行性和制造成本，确保选中的方案在实际生产时是可行的。最终通常会选定3～4款备选方案进入下一阶段，进一步细化和优化，以便更加准确地推敲车辆的外观形态和比例。

4. 三维数字模型制作

选中方案后，设计师将完善和确定正视图、后视图、侧视图和俯视图四个基本外形轮廓图，这也称为造型方案的基础线图。虽然基础线图是平面的视觉效果，但它是立体形态的基础，是进行造型设计空间转换的第一步。设计师需要仔细思考和确定这几个视图中至少三条大的造型外轮廓线，作为建立数字模型的基准，根据这三条造型外轮廓线制作模型模板，用于在制作比例油泥模型时控制模型的外轮廓（图2-13）。

5. 比例模型制作与评审

比例油泥模型是将选定的造型方案效果图立体化的表达方式，在这一过程中能够发现和修正效果图中未明确或未显示的部分，进一步明确最终造型。在比例油泥模型的设计制作过程中，要关注模型曲线的流畅性和曲面的连续性，以及造型细节，将设计概念尽可能完整、严谨地呈现出来。在制作比例油泥模型时，需要根据实际车辆的尺寸来确定模型的比例和数量，一般情况下，轿车会按照1:5或1:4的比例制作3～4个外观油泥模型。至于内饰设计，通常会直接制作全尺寸模型，不制作比例模型。需要注意的是，制作小比例汽车模型时，需要模型师和造型设计师共同理解、交流和沟通设计方案，相互配合，从各个角度审视模型，反复推敲和修改，达到最理想的状态（图2-14）。

6. 整车外形效果图和胶带图

在汽车开发设计过程中，将造型效果图转化为造型数字模型和造型油泥模型是为了将设计的形态从平面的效果转化为空间的实体，其目的是准确表达汽车外形或车内饰造型的轮廓。无论是传统的用胶带贴制胶带图的方法，还是使用计算机软件绘制和调整线图的方法，都是为了帮助设计师对汽车造型，特别是侧面造型特征进行反复推敲和探讨，发现不同造型细节带来的微妙差异，进而确定侧面造型特征和细节处理手段（图2-15）。

7. 等比例模型制作

等比例的模型制作是基于选定的比例模型、修订过的胶带图和1:1效果图，制作内外部1:1比例模型，这是确定汽车外形造型方案的关键步骤。通常采用两种方式，它们都使用经过机床加工的硬质泡沫作为内芯，区别在于模型表面的处理方式。一种是在硬质泡沫表面涂上类似腻子的材料，然后使用砂纸或纱布进行打磨，以塑造线条和曲面。另一种做法是在硬质泡沫表面敷油泥，然后使用油泥刮刀和钢片进行线条和曲面的设计制作，这种方法能够提供更高级的表面质感和细节效果。无论哪种方式，模型师都要依靠手工经验和技艺，精细调整每个细节，在模型表面上创造出精细的线条和曲面，使模型更加逼真。这个阶段同样需要造型设计师和模型师共同合作，将造型设计方案的特征实体化，不断完善细节，确保模型呈现出准确的比例和外观特征（图2-16）。

8. 色彩设计与部件造型细节设计

汽车的内部设计通常在外部设计开始后的大约三个月内展开。相比外部设计，内部设计更为复杂，涉及更多的表面和材料限制，并需要与色彩和装饰专家进行合作。色彩和装饰团队需要考虑用户的生活习惯和感知需求，以及成本、重量和安全等因素，研究和创建内部设计的情绪板、色彩、材料甚至纹理调色板。汽车的色彩设计与材质选择和搭配密切相关，相对于外观设计，汽车内部造型设计中的色彩与材质设计工作更为繁重（图2-17）。

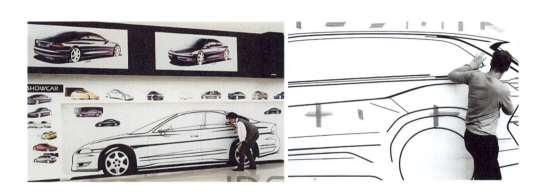

图2-15　汽车侧视轮廓胶带图

图2-16　等比例油泥模型制作

图2-17　色彩与部件设计

在汽车外观设计中,通常使用2~3种颜色的搭配。车身表面的喷漆涂装占比较大,小面积的黑色或灰色常用于进气格栅、保险杠和防擦条等分色设计,而亮银色常用于门把手、后视镜、各种装饰条等局部点缀。在设计汽车的色彩和材质时,有些汽车企业对自身产品有着统一的品牌色彩设计,规定若干种色彩与材质标准,新车型车身色彩只能在规定的颜色中去选择搭配。而有的企业则会为同一款车型上提供不同的色彩和材质组合,根据用户的色彩喜好及色彩流行趋势进行色彩设计,以满足消费者在精神和审美层面的不同需求。

9. 最终模型与样车试验

一旦汽车造型的尺寸数据确定下来,就可以开始生产汽车的原型部件。这些部件可以在设计室组装,也可以委托专业供应商在其他地方制造。样车试验主要包括性能试验和可靠性试验。性能试验主要是对汽车各项功能进行测试,以验证其是否符合设计要求,如加速性能、制动性能、操控性能、燃油经济性等方面的评估。可靠性试验主要是验证汽车的结构强度和耐久性,如风洞试验、试验场测试、道路测试和碰撞试验等。风洞试验用于评估汽车在不同风速下的空气动力学性能,以优化外观设计和减少风阻。试验场测试可以模拟各种工况,包括高温、低温、高海拔等环境条件,以测试汽车在极端条件下的可靠性。道路测试则通过实际道路行驶,评估汽车在真实环境下的性能和可靠性。碰撞试验用于评估汽车在碰撞事故中的安全性能,包括前、侧、后碰撞等情况下的车辆保护和乘员安全。

10. 最终批准

汽车造型设计的评价标准包括美感、协调性、比例、流畅性和创意等。这些标准可以帮助设计师对设计方案进行评估和改进,确保设计方案符合品牌定位和消费者需求。这些评价标准并不是孤立的,它们相互关联,只有综合考虑才能形成一个出色的汽车造型设计,经过批量生产,赢得市场份额,并最终得到受到用户青睐的产品。

二、汽车造型设计表达

1. 一点透视

一点透视是最简单的透视形式,适用于正面或侧面的视角。在一点透视中,所有的垂直线都是平行的,而水平线和汇聚线都汇聚到一个消失点上。这种透视形式常用于正面或侧面的汽车草图。设计师开始时通常从侧视图草图入手,迅速勾勒出各种想法。这一早期草图工作的重点是快速产生大量的设计构思,设计师不必过多考虑透视问题,以便更专注地产生各种想法。一般来说先是大致勾勒出地面线和车轮位置,然后画出车辆的肩部高度线等,这个过程要保持线条绘制快速而轻快,以便后期修改,这需要扎实的手绘技能(图2-18)。

确定整体设计和比例关系后,可以考虑添加明暗。用深灰色记号笔快速给车窗和车轮添加阴影,特别是加深车窗和前轮的下部区域,后轮则相对较暗,这样可以营造出明显的动感,注意不要只是均匀平涂,那样的效果会平淡无趣。而后,快速刷出车身部分的明暗关系,并注意体现朝上的面的光影变化,可喷上一层微光,这里要注意光影在表现造型时的微妙差异,要准确呈现设计意图,一般只需添加一些微小的光影效果即可(图2-19)。

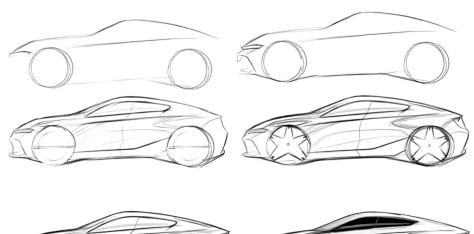

图2-18　一点透视汽车设计草图

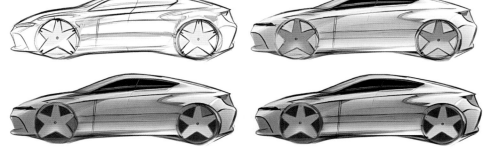

图2-19　一点透视汽车设计草图
上色

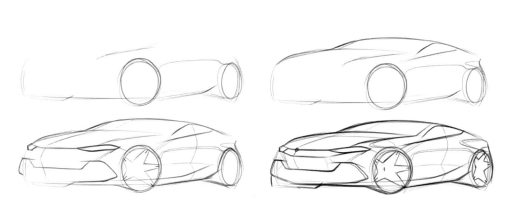

图2-20　两点透视汽车设计草图

2. 平面两点透视

两点透视适用于斜视角度的视角。在两点透视中，水平线和汇聚线汇于两个不同的消失点，平面两点透视的水平线穿过车的中心，消矢点落在水平线上，这种透视形式可以展现出车身的立体感和动态感。确立造型后，要突出需要强调的线条，以便凸显造型设计中的图形元素，而表现身体曲面变化的线条则一般比较淡，留在后期通过明暗和色彩来更好地表现（图2-20）。

首先，在明暗方面，使用深灰色马克笔，以类似侧视图的方式为所有车窗上色，让车窗与车身形成鲜明的对比，呈现车辆的整体造型。其次，同样按照侧视图的原则，为车身侧面添加浅色线条，呈现车身侧面造型的光影效果，注意要简洁和轻松，无须过分表现。再次，为远离中心的元素上色，突出车身表面曲线和曲面的立体感。而后，用橡皮擦轻轻擦拭所有亮面，如车轮辐条表面，这里要注意不要产生尖锐的擦痕。最后，可以添加一些轻微的亮点，提升草图的视觉效果（图2-21）。

3. 完整的两点式视角

首先，绘制一些基准线，用来确定消失点。其次，绘制车轮草图，要确保椭圆的主轴与车辆轴线垂直。再次，勾勒车辆侧面，注意肩线与车辆后部的关系，以及侧面的曲面连续性。最后，添加一些内部和车轮等细节，内部细节无须花费太多时间，只需给出形状暗示即可（图2-22）。

明暗和色彩方面，要避免颜色过于复杂，只使用两种深灰色便可以表现微妙的色调变化。使用两种不同色彩等级的马克笔，可以渲染出四种深浅逐次过渡的色调。首先，在车身上添加一些浅色的标记，注意要保持画面的整洁。其次，便可以开始表现车身造型的明暗关系。这个过程仍要注意不要处理得过分复杂，一般主要关注两个方面：一是车身侧面，类似侧视图的处理手法；二是中心线附近的面与远处的面的关系，注意要留下一个较明亮的核心，这样可以增强草图的三维感觉。最后，用红色快速表现后灯造型，此外还可以为车身添加一些喷漆的光泽效果（图2-23）。

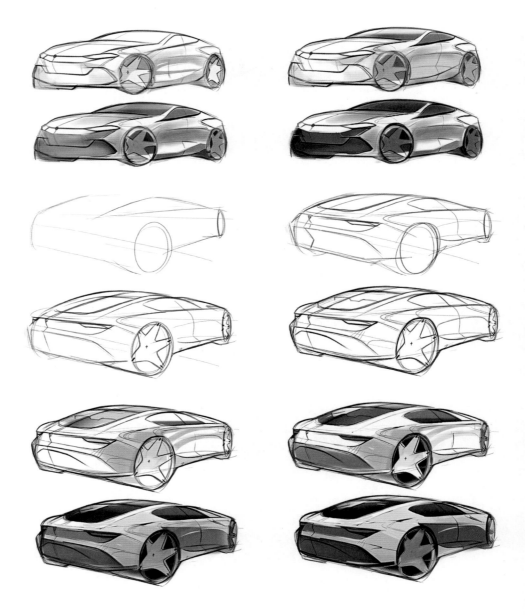

图2-21　两点透视汽车设计草图上色

图2-22　完整两点透视汽车设计草图

图2-23　完整两点透视汽车设计草图上色

36

第三节 新能源汽车造型设计前瞻

随着新能源汽车的快速发展和普及，汽车造型设计也在不断地演进和创新。新能源汽车的设计要更加考虑环保、高效和科技等因素，要更加充分地表达新能源汽车的未来感和科技感。如环保性意味着设计师需要采用更加可持续的材料和制造方法，以减少对环境的负面影响，而且也要更加注重在空气动力学性能方面的优化，以减少能源消耗。

一、新能源汽车概述

新能源汽车是采用非化石燃料作为动力系统，具有新技术和新结构的汽车。新能源汽车运用小巧轻便的电动机替代笨重的内燃发动机，同时取消了变速箱和繁杂的传动装置，从而显著减小了驱动模块的体积和重量，打破了汽车一贯的造型结构。这种模块微型化的特点给予了设计师更多的创作空间。

1. 纯电动汽车（Blade Electric Vehicles，BEV）

纯电动汽车是指完全依靠蓄电池作为唯一储能动力源的汽车。它利用蓄电池储存能量，并通过电动机将能量转化为动力，推动汽车行驶。这种汽车采用锂电池作为能源，驱动电动机运转，实现汽车的动力输出，其外观造型设计更加自由化。纯电动汽车具有零排放、动力响应快、扭矩大、噪音小、结构简单等诸多优点。尽管技术和配套设施还在完善中，但从长远的角度来看，纯电动汽车是未来新能源汽车发展的主流方向。

2. 混合动力电动汽车（Hybrid Electric Vehicle，HEV）

混合动力汽车是同时使用两个或多个驱动系统的汽车，通常指同时使用电动机和传统内燃机的汽车。混合动力车型一般采用一个发动机和一个蓄电池作为动力系统，在电能充足时完全依靠电能驱动，电能不足时则启动燃油发动机驱动车辆，相比纯燃油汽车，在相同工况下燃油消耗明显更低。这类车型在外观造型上几乎与传统燃油汽车无异。

3. 燃料电池电动汽车（Fuel Cell Electric Vehicle，FCEV）

燃料电池电动汽车是一种以氢气、甲醇、天然气等作为反应物与空气中的氧气在电池中进行化学反应来产生动力的汽车，燃料电池电动汽车的能量转换率较高，且在化学反应过程中不产生污染物，有绝对的环保优势。氢动力汽车又分为两种类型：一种是氢内燃汽车，它使用氢气作为内燃机燃料；另一种是氢燃料电池汽车，它使用氢气或含氢物质通过燃料电池产生动力。

4. 其他新能源汽车

增程式电动汽车是能够增加纯电动汽车续航里程的车型。它在具备巨大电池组的纯电动汽车基础上，增加了燃油发动机和发电机，从而解决了纯电动汽车续航里程不足的问题。此外，还有一些其他类型的新能源汽车，如利用超级电容器、飞轮等高效储能装置的汽车。

二、新能源汽车外观造型现状

新能源汽车的未来趋势主要包括智能化、轻量化、共享化和个性化等。受限于品牌形象和用户认知习惯，当前多数新能源车的外观造型仍延续了燃油车时代品牌特征，但同时也在寻求各自的创新，如奔驰注重乘坐空间，奥迪强调科技感，宝马追求运动智能化等。

奔驰旗舰电动轿车EQS采用了弯弓式的设计构思，整体车身呈现出流畅的线条，前脸设计简洁且科技感十足，车身长超5.1米、轴距超3.2米，内部空间宽敞，展示出德系品牌在新能源汽车领域的创新和个性化特点（图2-24）。

奥迪e-tron GT是奥迪旗下的第三款纯电动车型，也是奥迪e-tron品牌的旗舰车型。车型前脸延续了奥迪家族的六边形格栅，但采用了全封闭式设计，凸显了电动特征。除了动力水准，奥迪e-tron GT还采用了驾驶辅助系统、信息娱乐系统和互联功能等智能科技，不仅提升了驾驶的便利性和安全性，还提供了丰富的娱乐和互联体验，展现了奥迪在新能源汽车领域的技术实力和创新能力（图2-25）。

宝马在技术创新方面积极探索，推出先进的电动驱动系统和高性能电池技术，以提供卓越的动力性能和续航里程。此外，智能驾驶技术也是宝马的重点发展领域，以提供更安全、便捷和舒适的自动驾驶体验。宝马iX车型的前脸设计延续了宝马品牌标志性的巨大的双肾格栅。与传统燃油车的进气格栅不同，宝马iX的双肾中网是完全封闭的，并将自动驾驶所需传感器隐藏其中。中网的材料及工艺经过特殊的考虑，以确保内部传感器工作的精准度，同时特殊的聚氨酯涂层具有一定的自修复能力，在受到轻微划伤时，只需静置24小时，划痕就能够自动修复，这有助于提高车辆外观的耐久性，减少日常使用中可能导致的瑕疵（图2-26）。

图2-24　梅赛德斯奔驰旗舰电动轿车—EQS

图2-25　奥迪e-tron GT

凯迪拉克品牌在新能源汽车的车灯布置和灯光造型方面独具特色，特别是凯迪拉克的首款智能纯电豪华SUV—LYRIQ，它是市面上量产电动车型中前脸运用灯光组数量和面积最多的车型之一。应用先进的LED技术和创新的设计元素，LYRIQ打造出独特的灯光效果，这不仅提升了车辆的辨识度和美感，还为驾驶者和行人带来了更好的安全性和可视性，通过感官体验和灯光创新。凯迪拉克将新能源汽车与豪华感、科技感和个性化相结合，为用户带来了全新的驾驶和视觉感受（图2-27）。

近年来，国内的造车新势力逐渐崛起并成为新能源汽车领域的重要力量。蔚来汽车、小鹏汽车和理想汽车作为国产新能源造车的代表，以其市场覆盖率和技术储备的优势处于国内新能源汽车行业的前列。三家车企在造型设计上采用了大胆创新的风格，注重为消费者提供独特、个性化的外观设计，特别是与时尚、科技感相结合，体现出年轻、活力和创新的形象（图2-28）。

图2-26　宝马iX

图2-27　凯迪拉克LYRIQ

图2-28　小鹏G9

三、新能源汽车外观造型趋势

1. 车身"一箱化"

在传统燃油车时代，一箱车指的是A柱靠前与发动机盖形成一体、弱化发动机舱的造型。这种设计更多地传达出工具的属性，常见于商用车，且容易让消费者将其与廉价联系在一起，并不受消费者喜爱。但随着新能源汽车的出现，没有了发动机及传动机构，一箱车的结构成为新能源汽车的最合理造型，它有助于减少外形尺寸，并最大化地利用车内空间，提供更加舒适和宽敞的内部布局，因此，许多新能源车型都采用了一箱化的设计，即将A柱或前挡风玻璃前移（图2-29）。

当然，由于在传统认知中，"一箱化"造型与运动和高端相悖，一些定位运动豪华的新能源车型仍保留着较长的"发动机舱"，如迈巴赫的Vision Maybach 6 Concept概念车和劳斯莱斯的Vision Next 100 Concept概念车，并没有采用一箱化的设计，而是将没有发动机的"发动机舱"设计成前备箱来容纳行李（图2-30）。

图2-29　车身"一箱化"

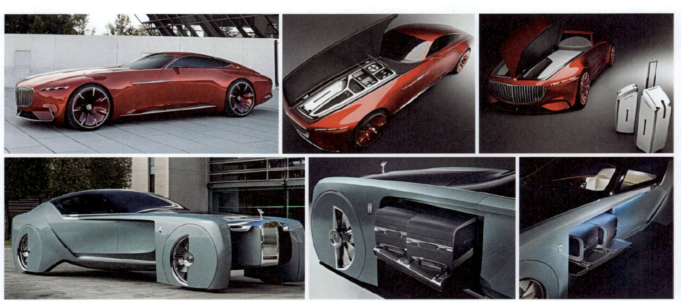

图2-30　Vision Maybach 6 Concept概念车和Vision Next 100 Concept概念车

2. 造型"产品化"

新能源汽车造型设计的另一个趋势是汽车设计与工业产品设计之间的界限逐渐模糊。在燃油汽车时代，传统汽车设计注重形式感，通过曲线、曲面、动势和光影变化来突显汽车的移动性，更强调以动感来吸引消费者。而"产品化"设计则更强调逻辑性和功能驱动的设计，呈现出更加简洁和相对静态的外观。相应的，在"产品化"的汽车设计中可能会出现传统汽车设计中不太常见的造型方法，如平行和等分的线条，甚至近乎直线的线条（图2-31）。

现代45 EV概念车没有复杂的曲线、曲面和造型特征，使用的都是平直的曲线和简洁的曲面，车身各区域被平直的线条分割成了一块块的几何形状，形面也都是小曲率曲面，整车造型"产品"感极强。（图2-32）。

特斯拉Cybertruck是更加典型的产品化设计案例，它采用了大量直线和平面的造型设计，几乎没有多余的造型特征，注重结构特征。该车一经发布就引起了巨大轰动，对于这种挑战传统汽车审美造型的评价出现了两极化的态度（图2-33）。

3. 操作"智能化"

在智慧城市、智慧交通和智慧出行快速发展的背景下，智能化无疑是新能源汽车设计的发展方向，主要表现在自动驾驶和车联网方面。自动驾驶技术的进步使汽车能够更

图2-31 英菲尼迪QX inspiration concept概念车

图2-32 现代45 EV概念车与本田t概念车

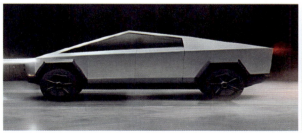

图2-33 特斯拉Cybertruck

图2-34　奔驰F015采用激光投射和屏幕显示实现与行人和其他车辆的沟通交流

图2-35　大众Sedric概念车和雷诺EZ-GO概念车

加智能地感知、决策和执行行驶任务，减少对驾驶员的依赖。通过使用智能感知技术，结合机器学习、智能控制、大数据和车联网技术等，汽车能够实时获取周围环境的信息，并做出准确的决策，确保安全驾驶。未来的汽车将成为移动智能终端，具备更加智能化的功能和服务，这对汽车中台和内饰设计产生决定性的影响（图2-34）。

4. 使用"共享化"

近年来，共享经济蓬勃发展，汽车行业也加入其中，微型车成为新能源汽车设计的另一个趋势，如奇瑞eQ1、宝骏E100和知豆D1，以及Smart Vision EQ fortwo等量产车型也将于2030年应用于Car2go共享汽车。此外，还出现了全新的移动座舱车型，如大众Sedric概念车是一款全自动驾驶的移动座舱车型，旨在提供未来出行的全新体验，配备了先进的人工智能系统，可以根据乘客的偏好和需求提供个性化的服务和建议。而雷诺EZ-GO概念车的内部设计注重舒适性和社交性，乘客可以坐在宽敞的座椅上进行社交、工作或休闲。此外，EZ-GO概念车还与城市交通基础设施相连接，通过智能路边站点进行乘客上下车，为城市居民提供更加高效和环保的出行方式（图2-35）。

共享车型的出现反映了人们对出行方式的重新思考。它们不仅提供了便捷的交通服务，还倡导了共享经济和可持续出行的理念，这将有助于最大化地利用资源，减少城市交通拥堵和尾气排放，同时将进一步推动智慧城市和智慧交通的发展，为人们提供更加智能、高效和可持续的出行选择和体验。

四、新能源车造型细节特点分析

由于新技术和新结构的应用，在延续传统汽车必要的细节设计的同时，新能源汽车的造型设计也逐渐形成了自身特有的审美细节。

1. 进气口

与传统汽车不同，纯电动汽车没有了发动机和散热系统，汽车前进气口和格栅设计逐渐变小或取消，汽车前脸设计更加自由和圆润。许多纯电动汽车完全取消了主进气口，采用整块饰板或显著的分色设计，这种封闭的前脸设计可以有效降低风阻，新颖的造型也有助于吸引消费者的兴趣。同样，为了凸显新能源的特征，一些混合动力和燃料电池车也受到了这一造型趋势的影响（图2-36）。

2. 轮毂设计

传统镂空轮毂设计有助于刹车散热和轮胎降温，新能源汽车通常配备了动能回收系统，散热需求降低，此外一些电动车采用轮边电机，这都为轮毂设计提供了更多的空间。新能源汽车的轮毂设计更倾向于去镂空化和扁平化的设计，增强整体性和简洁感，同时还结合平面化、立体化、多色彩、多材质和视错觉的设计，更好地展现其独特性（图2-37）。

3. 灯光系统

新能源汽车的车灯普遍采用LED大灯或激光大灯，有助于节能及营造炫酷神秘的视觉感受。新能源汽车灯光系统发展趋势包括以下几种。

（1）灯组形态：鉴于新型光源在造型上的便利性，特殊的几何形态和复杂的组合形式已成为新能源灯具设计的主流趋势，同时纵深感和扁平化的布局形式也更受青睐，灯组的各个功能模块分散排布在汽车前脸。在一些小型车型中，灯组不再局限于车头正前方，而是从车头延伸到车身侧面，甚至车前轮上方。

（2）辅助光源：当前，新能源车的辅助光源广泛采用几何状、条形带状、环形状、矩阵状、点阵状、参数化放射状等非传统形，设计的重要性也日渐增强。越来越多的新能源车都更重视辅助灯具的设计，甚至在一些车型中头灯的曲面与车身主体曲面会分开处理，使头灯设计变得更加精致，营造个性化的造型特点（图2-38）。

图2-36　新能源汽车前脸

图2-37　新能源汽车轮毂设计

（3）色彩和动态效果：利用LED光源三基色发光原理，新能源汽车的智能灯光控制系统可以实现丰富多彩的颜色效果，充分发挥灯光的装饰性。在新的头灯设计中，设计师开始尝试更多的色彩组合，不再局限于白色和黄色，非传统的蓝色等颜色逐渐成为新的选择。

（4）尾灯：新能源车的尾部灯设计与车头灯设计类似，也注重更加新颖的细节设计。如将尾灯与车身线条融合、采用贯穿式设计，创造出更加流畅一体的流线型效果，在夜晚使用中可以营造出更加美观的视觉效果。此外为了突出独特性，许多新能源车的尾灯在非发光状态下采用更多样化的色彩（图2-39）。

4．充电接口设计

新能源车型的能源接口与传统车型有所差异，需要根据能源类型具体设计，如充电口设置需要符合电力供应要求、安全性规范以及考虑用户的便利性和易用性，以提供高效、可靠的充电体验（图2-40）。

图2-38　新能源汽车辅助光源

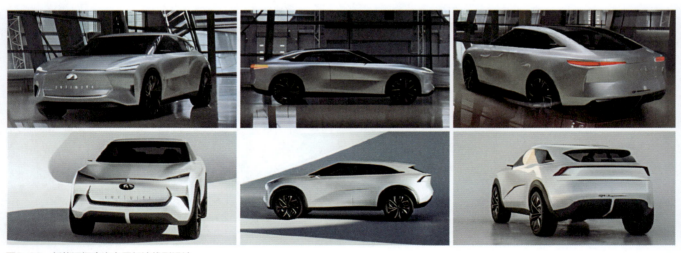

图2-39　新能源概念汽车尾灯流线型设计

5. 车身造型布局设计

　　新能源车A柱和C柱的位置逐渐向前后移动，这有助于优化车辆空间利用率。这种设计变化使前后风挡的倾斜角度增加，进一步改善了车辆的空气动力学性能，提高能源转换效率并降低噪音。随着智慧系统的应用，车辆侧面或后部的摄像头可取代后视镜，车身造型也会变得更加整体。而隐藏式门把手同样也提高了车辆整体的流线型外观，提升车辆的空气动力学性能。这些变化都使新能源车展现出更多人文、科技和速度的外观特征，呈现出全新的视觉体验（图2-41）。

　　新结构和新技术的应用使新能源汽车造型设计逐渐摆脱传统的束缚，整体外观设计通常更具动感、高级和科幻的氛围。新能源汽车造型正朝向扁平化、玻璃化、虚拟化和智能化的方向发展。而更多高新技术和互联网+的应用，新能源汽车的造型设计将变得更加前卫，满足人们对科技愿景的想象。未来，更多与传统燃油车造型截然不同的新能源车将行驶在我们的道路上（图2-42）。

图2-40　不同位置的充电接口

图2-41　奔驰F015造型布局

图2-42　新能源汽车整体造型设计

课后思考

　　（1）请结合人工智能绘图工具自由设定灵感关键词，设计完成符合灵感来源的汽车形态。

　　（2）举例分析中国传统元素在汽车设计中的应用。

DESIGN

汽车空气动力学

动力学

第三章

教学内容： 1. 汽车空气动力学的发展历程

              2. 汽车空气动力学的概念

              3. 汽车空气动力学的基础知识

教学目标： 1. 了解汽车空气动力学基本概念

              2. 了解空气动力学的发展历程

              3. 掌握汽车空气动力学的基础知识和与汽车造型的关系

授课方式： 多媒体教学、理论与设计案例相互结合讲解

建议学时： 12～18学时

汽车空气动力学是研究空气与汽车相对运动时的现象、作用规律以及气动力对汽车各项性能影响的一门学科。在汽车产业发展的初期，汽车造型设计主要考虑安全性、舒适性以及美观性，空气动力学性能并不在考虑范围内，而且，汽车与飞机或轮船不同，在自然界中很难找到理想的仿生学参考原型，汽车空气动力学的发展相对缓慢。在国外，对汽车空气动力学的研究相对领先，但研究存在多种数学模型，研究结果并不通用，资源也不能共享。在国内，虽然整体而言还处于跟随状态，但在"双碳"背景下，特别是电动汽车行业的快速发展，国内对汽车空气动力学的研究热度不断提升，以图在降低风阻系数、节能减排、增加电动汽车续驶里程方面取得突破。本章内容阐述了国际上汽车空气动力学及汽车风阻系数研究的发展历史，梳理了国内空气动力学研究现状，介绍了空气动力学在汽车外饰设计中的应用，最后总结了目前国内汽车空气动力学研究存在的问题，并提出了具体的建议。

第一节　汽车空气动力学的研究历史和进展

一、汽车空气动力学发展的历史阶段

汽车空气动力学经历了四个发展阶段，即基本形状造型、流线型造型、车身细部优化、车身整体优化阶段。

1. 基本形状造型阶段

20世纪初，空气动力学开始影响汽车设计，人们最先是从外观上关注到了汽车的空气动力学特性，这一时期也被概括为基础形状造型时期。

基本型是指把汽车置于流体或空气中，为其设想一种合乎逻辑的形状，如鱼雷形，船尾形，空气艇形（图3-1）。这与马车造型的汽车相比自然是很大的进步，但也存在很明显的问题，车轮的位置以及车身的相对运动决定了汽车与鱼雷和水滴的流场并不相同。总之，这时期的汽车空气动力学并不实用，更多还只是一种美学风格的尝试。

当然，从空气动力学出发，对汽车整体造型的探索一直存在，1992年，雷诺公司推

出了一款名为"雷诺蜗牛"（Renault Zoom）的概念车（图3-2）。该车的设计灵感来源于蜗牛，外形呈现出流线型的水滴状，车身前部较宽，逐渐向后收缩，尾部较窄，整个车身非常符合空气动力学原理。

2. 流线型造型阶段

随着研究的深入，人们逐渐开始关注汽车在空气动力学方面的实际问题，如"地面效应"。这时符合空气动力学要求的汽车造型不再是简单的水滴形了。20世纪30年代，克莱斯勒公司的设计师雷蒙德·哈米顿（Raymond Loewy）设计了一款名为克莱斯勒风箭（Chrysler Airflow）的汽车（图3-3）。该汽车采用流线型设计，前脸融合了克莱斯勒独有的水箱格栅，后部则采用了类似飞机尾翼的设计，大大提高了车辆的空气动力学性能，同时结合新型底盘结构和悬挂系统，车辆行驶平稳而舒适。

随着研究的深入，汽车设计师在追求降低汽车阻力的同时，也开始注意到低阻力汽车存在操纵稳定性较差，驾驶室通风和冷却系统气流等内部流场对气动阻力的影响等问题。

3. 车身细部优化阶段

汽车空气动力学研究的第三个阶段是车身细部优化阶段。"细部优化法"是指在充分考虑车身整体布局、安全性、舒适性以及制造工艺等要求的基础上，在保持造型风格不变的前提下，对车身细部结构（如圆角半径、曲面弧度、斜度等）进行空气动力学改进。如大众的高尔夫一型（图3-4），通过细节优化，将空气阻力从0.50降低至0.41。这个阶段，汽车设计开始使用风洞作为测试工具，对汽车细部进行优化，取得了很大成效。

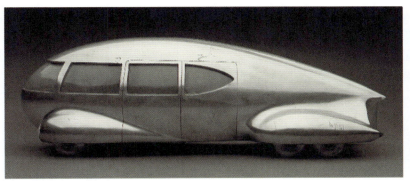

图3-1　诺曼·贝尔·盖迪斯设计的汽车9号

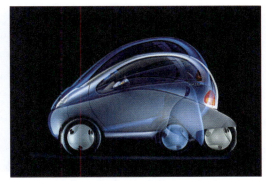

图3-2　"雷诺蜗牛"（Renault Zoom）的概念车

图3-3　克莱斯勒风箭汽车

图3-4　高尔夫I型

4．汽车造型的整体优化阶段

随着空气动力学理论研究的深入和风洞试验技术的不断进步，汽车空气动力学从20世纪80年代开始进入整体优化设计阶段。汽车整体优化设计方法是在不改变整体流场的情况下，以基于空气动学理论设计的极低气动阻力的原型车为基础，不断改进，逐步形成实车。

以上结果表明，汽车外形从单纯的水滴状到流线状再到细部优化再到整体优化，充分体现了汽车空气动力学的发展历程。

二、车身整体优化造型概况

汽车空气动力学不仅要考虑降低风阻，还要保证汽车设计能满足机械工程、人机工程、操纵稳定性、视野开阔等各方面的要求。在车身整体造型方面，主要有以下几种模型。

1．纺锤状的流线体

早期航空理论认为空气动力阻力最小的理想形状为纺锤形（水滴形）物体（图3-5）。受此启发，人们开发出了空气动力阻力仅为0.04的"炮弹"型。

2．卡曼-背

1937年，卡曼申请了一种车身专利，这种车身也被称为截尾车。研究发现，将浸没在尾流区内的车身后部截掉，不仅不会增加压差阻力，而且在长度相同的情况下，还会提高车身的横风稳定性。车尾呈钝形，可使车后座有较大的车顶空间，又不会明显增加车顶的阻力。具有这一特征的外形叫作"卡曼-背"。

3．"鲸状"理论模型

1970年由英国人A.J.赛伯-里尔斯基（A. J. Scibor-Rylski）提出了"鲸状"理论模型。该模型为一个纵剖面呈带弯度的翼型，横断面是把两个相等的长轴连接起来的半椭圆形成的断面作为最大的横截面，上半个椭圆的短轴比下半个椭圆的短轴要长，水平面呈纺锤状流线形。这种形状虽然气动阻力较小，但气动升力和横风不稳定性都偏大，且相关结构和乘员布置都较为困难（图3-6）。

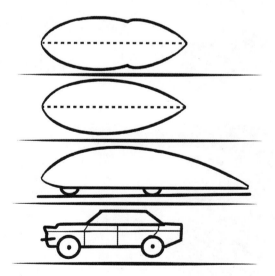

图3-5 理想流线型与实际车体

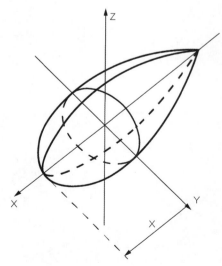

图3-6 "鲸状"理论模型示意图

第二节　车辆空气动力学

一、汽车空气动力学的必要性

汽车诞生后不久，人们就意识到空气动力学与汽车之间的关系，空气动力学不仅在汽车高速行驶时发挥作用，而且在实现行驶稳定性，提高燃油效率、减少资源浪费方面也发挥着重要的作用。

1. 作用在汽车上的三种空气动力

作用在运动中的汽车上的三种空气动力是阻力、提升力和侧向力。阻力是阻止汽车向前行驶的力，升力是将汽车抬离地面的力，侧向力是来自汽车侧面的推力（图3-7）。

2. 气动力六分量

为方便分析，在以汽车质心为原点的三维坐标系中将气动力分解为沿三个坐标轴方向的分力和绕三个坐标轴的力矩，统称为气动力六分量（图3-8）。

三个分力为：

气动阻力Fx——沿水平面纵方向与汽车行驶方向相反的分力。

气动侧向力Fy——沿水平面横方向与汽车行驶方向垂直的分力。

气动升力Fz——垂直与水平面且与汽车行驶方向垂直的分力。

三个力矩为：

侧倾力矩Mx——绕X轴使汽车侧倾的力矩（使汽车右倾为正）。

俯仰力矩My——绕Y轴使汽车俯仰的力矩（使汽车仰头为正）。

横摆力矩Mz——绕Z轴使汽车调头的力矩（使汽车右偏为正）。

二、汽车空气阻力

1. 空气阻力的定义和发展

汽车在行驶过程中所受的空气作用力的一部分叫作空气阻力。汽车车身的空气阻力主要分为摩擦阻力与压力阻力两大类。摩擦力是由空气黏性作用于车体表面所产生的切向作用力之和，沿行驶方向所产生的分力；而压阻则是作用于车体表面的正向压力合力所产生的分力。阻力主要有形状阻力、干扰阻力、内循环阻力和诱导阻力四种。

图3-7　空气动力示意图

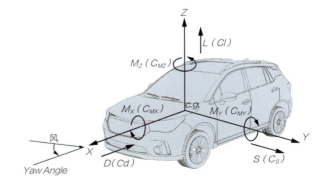

图3-8　气动力的六分量侧面分析图

早在1934年，美国人莱伊教授就通过风洞测试了几种汽车模型的风阻，并对其外形和风阻之间的关系进行了深入的研究，从那时起，汽车的外形就进入了流线型设计，并大幅度地降低了空气阻力。其中比较典型的例子就是甲虫型汽车，由于采用了流线型的设计，其风阻系数已经降至0.5以下（图3-9）。

2. 汽车空气阻力种类

（1）压差阻力。这种阻力主要由于流体前后压力的不平衡而产生。当流体绕过物体时，它在物体的前端形成较高的压力区，在物体的后端形成较低的压力区。这个前后压力差就会对物体产生一个向后的力，即压差阻力。

在流体力学中，压差阻力是重要的因素之一，它与物体的形状、大小、流体的速度和性质（如密度和黏度）有关。为了减少压差阻力，通常需要对物体进行流线型设计，增加车身下护板和风挡等，以减少流体流过物体时的压力差异。当汽车行驶时，气流流经汽车，在汽车表面局部气流速度急剧变化就会产生涡流，例如行驶中的车尾部便会产生涡流，涡流区是负压（图3-10）。

此外，涡流还有其他类型（图3-11~图3-13）。

（2）摩擦阻力。摩擦阻力是指空气与车身表面的摩擦产生的阻力，包括表面摩擦和边界层摩擦。表面摩擦是指空气流经车身表面时与表面发生的摩擦，而边界层摩擦是指空气与车身表面之间的空气层产生的摩擦。为了减小摩擦阻力，设计师通常采用光滑的车身表面并减少表面的凸起，如车门的开合处和车窗的缝隙等。与压差阻力不同，摩擦阻力主要取决于物体表面的粗糙度和流体的黏度。

图3-9 甲虫型车

图3-10 汽车涡流示意图

图3-11 在楔形物体的尖端

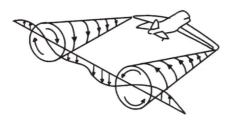

图3-12 飞机尾迹中的涡流

图3-13 汽车尾迹中的漩涡

（3）干扰阻力。干扰阻力是当汽车上多个突出部件，如门把手、后视镜、悬架导向杆、车轴、挡泥板等的气流场相互作用时产生的一种空气阻力，占整车空气阻力的12%~18%。主要由于部件间的气流交叉作用、流体的分离与再附着所引起。这种阻力的大小受到部件的设计、布局、气流速度和方向的影响。在汽车设计中，通过优化各部件的形状和布局、实施流线型的整体设计，以及进行空气动力学测试，可以有效地减少干扰阻力，从而提高汽车的空气动力学效率和整体性能。现在的汽车为了减小这个阻力，采用了隐藏式门把手、减小后视镜、取消挡泥板等措施。

（4）诱导阻力。汽车在高速行驶时，上部的空气流速快，下部的空气流速慢，这样就导致了上部和下部的空气压力不同，下部的压力较大，二者的差值在水平方向上的分力即为诱导阻力，占空气阻力的6%~8%。这个力其实就是使汽车上升的力，但并非汽车"升力"。有些车高速"发飘"主要就是这个原因。底盘的平整度对它有非常大的影响，平整度越高诱导阻力越小，所以一些车的底盘几乎都是封闭的，就是这个缘故。

（5）内部阻力。内部阻力也称内循环阻力，是冷却发动机和通风设备使气体通过车体内时产生的阻力，包括流体在出口处的动量损失以及流体通过冷却器和发动机舱的压力损失，这导致额外的能量损失。内循环阻力约占空气阻力的5%~12%。现在一些车在发动机舱内部、车轮罩等部位设计了很多的导流板，目的就是既能保证良好的冷却效果，又可以降低空气阻力。

三、汽车空气升力

1. 气动升力的定义

汽车空气升力是指汽车行驶时，由于车身受到气流的冲击，气流产生的上升力，也称为升力。空气升力的大小与气流的速度、密度、车身的形状和倾斜角度等因素有关。在正常行驶时，汽车的重力与空气升力相等，车身保持在一定高度的平衡状态。但是，当汽车行驶速度过快或气流方向不稳定时，空气升力可能会超过汽车的重力，导致汽车失去控制，产生危险。因此，在汽车设计和制造过程中，需要考虑如何减小空气升力，以提高汽车行驶中的稳定性和安全性。

2. 影响汽车空气升力的因素

（1）汽车车身形状。头前端的形状对空气的流动有很大的影响。如果车头过于平直，空气流动时会产生大量的涡流，从而增加了车身的升力。如果车头过于圆滑，空气流动时会产生较大的压力，也会增加车身的升力。因此，汽车设计师通常会在车头设计中采用多种复杂的几何形状，以减少空气流动的涡流和压力，从而降低升力。

泰坦飞车（Tuatara）（图3-14）：这款超级跑车采用了全碳纤维车身，外观线条极其流畅，车身侧面有空气动力学设计的空气导流板，车尾有大型扰流板和尾部下压力增加装置，以降低空气阻力并增加下压力，提高高速行驶时的操控性能。

（2）汽车速度。高速度会增加空气的动能，从而增加汽车所受到的阻力和升力。高速度会增加汽车的空气动力学效应。当汽车速度达到一定值时，空气会在汽车上形成涡流，这些涡流会增加汽车所受到的升力。

图3-14 泰坦飞车

图3-15 F1赛车

例如，在F1赛车中，赛车的设计师们会通过车身的设计和多种空气动力学元素来控制赛车所受到的升力（图3-15）。他们会设计出车头、车尾、侧裙、扰流板等各种部件，以控制和分散空气流动的方向和速度，从而减小升力并提高赛车的稳定性。

四、汽车空气侧向力

汽车空气侧向力的定义和作用

汽车空气侧向力是指汽车行驶时，由于车身受到侧向气流的冲击，气流产生的侧向力，也称为横风力。汽车空气侧向力的主要作用是使汽车车身发生侧向偏移或侧滑，导致汽车行驶的方向不稳定。空气侧向力的方向通常与气流方向相反，如果方向和强度足够大，可以将汽车推离原来预定的行驶轨迹。这种情况下，驾驶员需要立即采取措施来纠正行驶方向，防止汽车失控或发生交通事故。

为了减小汽车空气侧向力的影响，汽车制造商采用了一些技术手段，如改进车身设计，降低车身重心，增加车轮间距，加装稳定装置等。这些技术手段可以有效地减小汽车空气侧向力对行驶稳定性的影响，提高汽车的安全性和舒适性。

在风洞中，风对车辆的空气动力学特性的影响是通过车辆偏航来模拟的，其中风速在高度上保持恒定。但实际上，自然风是一种层流，层与层间存在剪切，风速随高度而变化。进行CFD模拟来比较快背式和方背式（DrivAer）模型受到侧风时的空气动力学特性（图3-16），其中偏航模拟是在10°的偏航角下进行的。结果表明，在侧风作用下，如果汽车从地面到车顶各个高度水平上的风速产生的质量流量保持相近，则无论是快背式还是方背式车型，它们所受到的力和力矩都将大致相同。

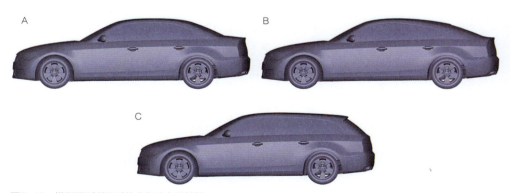
图3-16 模型受到测风时的空气动力学特性
A. 阶背式（Notchback）；B. 快背式（Fastback）；C. 方背式（Estateback）

若车辆产生较大气动升力，将改变轮胎附着特性，轮胎侧向力供给不足，小的侧向扰动同样会导致失稳发生，与升力改变产生失稳现象相关的性能评价包括：转向性能、弯道行驶性能、车道变换性能、载荷变换性能、高速时的转向反馈以及高速时的摆动等。

第三节　汽车风洞及实验

一、汽车风洞实验介绍

1. 什么是汽车风洞

汽车风洞是专门用以产生人工气流并能观测气流，或气流与汽车之间相互作用的管道实验装置。汽车风洞的历史可以追溯到20世纪初期。早期的风洞主要用于研究飞机空气动力学性能，而后随着汽车的出现和发展，汽车工业也开始逐步引入风洞技术。

20世纪30年代，德国汽车制造商奥迪公司建立了第一台汽车风洞，用于测试汽车的空气动力学性能（图3-17）。这台风洞可以模拟不同速度和角度的风场，对汽车进行全面的空气动力学测试。

随着计算机技术的发展，风洞技术得到了进一步的发展。现代的汽车风洞不仅可以模拟不同速度和角度的风场，还可以进行多种测试，如空气噪声测试、散热性能测试、内饰空气流通测试，温度、湿度、阳光和雨雪测试等。同时，风洞测试数据的分析和处理也越来越依赖计算机技术，测试的准确性和效率大幅提升。未来，风洞技术将继续发挥重要作用，为汽车工程师提供更加精确的数据和更高效的测试手段。

2. 汽车风洞实验的作用和意义

汽车风洞是一种能够模拟真实风场环境的装置，可以用来测试汽车在不同风速、风向和风角度情况下的空气动力学性能。汽车风洞实验在汽车工业中具有非常重要的作用和意义。通过对汽车的空气动力学性能进行测试和分析，可以优化汽车的设计和提高汽车的性能，提高汽车的行驶安全性和经济性。同时，汽车风洞实验也可以缩短汽车研发周期和降低研发成本，帮助汽车制造商更好地满足市场需求和提高品牌竞争力。

图3-17　奥迪风洞中心测试试验

图3-18 保时捷911 GT3

（1）提高汽车的空气动力学性能。汽车风洞实验可以帮助汽车工程师了解汽车在不同的空气流动状态下的行驶性能，包括空气阻力、升力、侧向力以及抗风稳定性等。通过对汽车的空气动力学性能的测试和分析，可以对汽车进行优化设计和改进，使汽车在行驶时的阻力更小、风噪更小、稳定性更好，同时也可以提高汽车的燃油经济性和行驶安全性。

在2017年的日内瓦车展上，保时捷公司发布了"保时捷911 GT3"（图3-18）的跑车。该车采用了先进的空气动力学设计，通过在风洞中进行测试和优化，实现了出色的空气动力学性能。保时捷911 GT3的车身采用了线条简洁流畅的设计，同时还装备了大型扰流板、空气动力学导流板和侧裙等空气动力学装置，可以更好地控制气流，降低气阻和升力，提高车辆的稳定性和操控性能。

（2）优化汽车外观设计。汽车风洞实验还可以用来测试车辆外观在不同风场环境下的空气动力学性能。通过对不同车型的测试和分析，可以找出最优的设计方案，在保证汽车美观性的同时，尽可能减小汽车的空气阻力和噪声，提高汽车的行驶性能和经济性。

（3）提高汽车安全性能。汽车风洞实验也可以用来测试汽车在高速行驶时的稳定性和抗风性能，通过对汽车在不同风速和角度下的测试和分析，可以找出汽车设计的不足之处，提高汽车行驶的安全性能。

（4）降低汽车研发成本和时间。汽车风洞实验可以提供大量的实验数据和测试结果，可以帮助汽车工程师更快地找出汽车设计的问题和不足之处，并进行改进和优化。通过使用汽车风洞实验，可以大大缩短汽车研发周期和降低研发成本，提高新车型开发效率和质量。

总之，汽车风洞实验在汽车工业中具有非常重要的作用和意义。通过对汽车的空气动力学性能进行测试和分析，可以优化汽车的设计和提高汽车的性能，从而提高汽车的行驶安全性和经济性。同时，汽车风洞实验还可以缩短汽车研发周期和降低研发成本，帮助汽车制造商更好地满足市场需求和提高品牌竞争力。

二、风洞种类

根据不同的实验需求和设备规模，汽车风洞可以按尺度大小分为全尺寸风洞和模型风洞，按功能还可分为气动力风洞、声学风洞、全天候风洞等。近年来新建风洞，都是气动/声学风洞，或气动/气候风洞，甚至气动/声学/气候风洞，这类风洞又称为多用途风洞。本书主要介绍气动力风洞部分。

1. 戴姆勒-奔驰全尺寸风洞

该风洞最初隶属于斯图加特理工学院汽车工程和汽车发动机研究所（图3-19），1974年由戴姆勒-奔驰公司接管，并于1976年更新重建。当前使用的最新风洞建成于2013年，包含一座气动-声学风洞、两座环境风洞，配备先进的天平和路面模拟系统、边界层控制系统、移动测量系统、声学测量系统，风机直径9m，最大功率5300kw，最大转速242rpm，可满足试验段265km/的风速要求。

2. 宾尼法利纳（Pininfarina）全尺寸风洞

宾尼法利纳风洞始建于1972年，包括地面影响模拟系统、湍流生成系统、声学风洞、计算机中心等。内部高11.5m，长36.8m，主风扇直径4.88m，功率1.1MW，其他13个风扇直径1.8m，合计功率2MW，最大风速可达70M/s。该风洞实验研究涉足多个领域，除汽车外还用于飞机、高铁、体育用品等的空气动力学测试（图3-20）。

3. 中国汽研汽车风洞

中国汽研汽车风洞位于重庆市，2019年投入使用，它采用与戴姆勒-奔驰风洞同样的技术。风洞主要包括一座全尺寸汽车气动-声学风洞，一座热环境风洞，一个集准备、造型、维护、科研和管理于一体的多功能中心。气动风洞配备气动天平、移动带、声学测量设备等，风机直径9m，最高风速可达250km/h。可完成车辆风阻试验、车辆稳定性试验、侧风响应试验、车内噪声试验、车外噪声试验、内流优化、流动显示、雨刮器试验和发动机盖安全性试验等（图3-21）。

4. 泛亚缩比模型风洞

泛亚缩比模型风洞于2018年投入使用，它是国内首个缩比模型风洞，试验模型比例为40%。该风洞为3/4开口式试验段回流式风洞，主要包括风扇段、扩散段、收缩段和试验段等，此外还包括五带系统、边界层移除系统和自动化模型定位等其他子系统（图3-22）。

图3-19 戴姆勒-奔驰全尺寸风洞研究所

图3-20 宾尼法利纳（Pinirfarina）全尺寸风洞

图3-21 中国汽研汽车风洞

图3-22 泛亚缩比模型风洞

三、汽车风洞实验的未来趋势

1. 数字化和虚拟化

数字化和虚拟化是未来汽车风洞实验的发展趋势之一。通过计算机模拟和虚拟仿真技术，可以在更短的时间内对车辆进行测试和优化，并且可以减少实验成本和时间。这种方法不仅可以提高测试效率，而且可以避免实验误差带来的不确定性。

2. 多学科融合

随着汽车工业的发展，汽车的设计和制造变得越来越复杂。未来的汽车风洞实验需要更多的多学科融合，将流体力学、材料学、电子学、计算机科学等多个学科进行结合，更好地理解汽车的复杂性，为汽车的优化提供更全面的解决方案。

3. 环保化和可持续发展

未来的汽车风洞实验也将更加注重环保化和可持续发展。通过使用更环保的材料和技术，减少对环境的影响，如可以使用更多的可再生能源，减少能源消耗和排放。

第四节　空气动力学对汽车外形设计的影响

1. 汽车外形设计的基本原则

（1）优化空气动力学性能，减小空气阻力系数。以特斯拉Model 3（图3-23）为例，特斯拉Model 3的外形设计经过了精心的优化，采用流线形车身设计，空气阻力系数小。车头较低，后向上倾斜，使空气能够更加顺畅地穿过车身，减小空气的阻力。

总之，通过改善车身外形、降低车身高度、优化车身表面粗糙度，以及优化轮辋等措施，可以有效优化汽车的空气动力学性能，减小空气阻力系数，提高汽车的性能和效率。

（2）提高汽车的稳定性和操控性。汽车的稳定性和操控性与驾驶安全密切相关。当汽车在高速行驶或者急转弯时，稳定性和操控性不足会导致汽车失控或者侧翻等严重事故。提高汽车的稳定性和操控性可以使驾驶员更好地掌控车辆，降低发生事故的风险，保障驾驶员和乘客的安全。宝马5系（图3-24）是一款中高级轿车，它在提高车辆稳定性和操控性方面做出了很多尝试，其车身结构采用了宝马独有的"纵置后驱"设计，将发动机放在车辆前部和驾驶员之间，降低车辆重心，提高车辆稳定性。

图3-23　特斯拉Model 3

图3-24　宝马5系

2. 汽车外形设计中的空气动力学要素

（1）车身的形状和曲线。汽车外造型设计时，应保证曲线和曲面的连续性（G2、G3或更高）。将外观造型设计与空气动力学研究相结合，巧妙地运用曲线特性，在符合美学要求的同时融入汽车空气动力学设计。

"水滴形"仍是最佳的外观造型设计，近年来，汽车外造型越来越遵循这一规律。例如，图3-25中的汽车完全遵循了水滴形的设计理念：车头尖而扁，减小前端正向阻力；车身无棱角圆滑过渡，使气流能够较顺畅地流动；车尾向内收缩，减小尾部涡流的影响区域。

（2）车顶的形状和倾角。车顶的形状和倾角会影响汽车的空气动力学性能，特别是气动阻力和升力。一般来说，流线型车顶可以减少气动阻力，而减少倾角则可以减少升力的影响。当然，设计中还需要考虑车顶形状和倾角对车内的空间和舒适性的影响。例如，奥迪A7（图3-26）的车顶线条流畅、优雅，外形设计简洁，这有助于提高车辆的空气动力学性能。此外，奥迪A7还配备了全景天窗，为驾乘人员提供更加宽敞明亮的驾乘环境和视野，增加驾驶的乐趣和舒适性。

（3）车前部的进气口和散热口设计。汽车的进气格栅，即进气口，俗称"汽车中网"或"前脸大嘴"，一般位于汽车前脸中央或发动机舱正前方处。进气格栅作为汽车外观最醒目的元素之一，已成为汽车品牌的视觉符号，起到家族脸谱化形象的角色。例如，宝马"双肾"式进气格栅设计（图3-27）。

（4）车尾部的排气口和扰流板设计。车尾部的排气口的形状通常是圆形或椭圆形，这种形状可以减小废气流动的阻力，提高汽车的性能和燃油经济性。当然，一些高性能车型的排气口还会采用矩形或其他异形设计，以增加排气量和声音效果。排气口的位置通常在汽车尾部中央或两侧，这可以减少汽车尾部的空气阻力，提高汽车的空气动力学性能。

图3-25　风阻系数为0.19的奔驰概念车

图3-26　奥迪A7

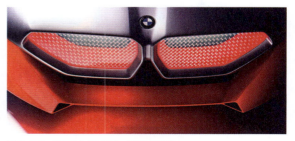

图3-27　宝马的"双肾"式进气格栅

图3-28 雷克萨斯LFA排气孔

图3-29 兰博基尼

雷克萨斯LFA（图3-28）是一款高性能跑车，其排气口采用了中置设计，这可以使排气口更靠近车辆重心，提高车辆的操控性。此外，雷克萨斯LFA的排气口还采用了特殊的三管设计，可以提供更加激烈的声音效果，增加驾驶的乐趣。

3. 汽车外形设计中存在的问题及解决方案

（1）外形设计过于复杂，不易生产和维修。设计师应该考虑车辆生产和维修的需求，尽量避免过于复杂的设计和工艺。例如，兰博基尼（Veneno Roadster）（图3-29）是一款外形设计复杂的超级跑车，车身线条和车顶设计非常复杂，而后部设计同样非常复杂，包括了大量的进气口和排气口，而且排气管的位置非常靠近车身底部，需要非常精细地加工和安装，增加了维修的难度。此外，由于采用了大量的碳纤维和复合材料，生产和维修成本非常高。虽然这款车在外形设计上非常惊艳，但由于生产和维修成本的制约，产量非常有限，只有九辆。

（2）外形设计过于夸张，不符合消费者的审美观。设计师应该根据消费者的需求和喜好，设计出符合市场需求的汽车外形。斯巴鲁B9 Tribeca（图3-30）的外观设计极具争议。前脸采用了特殊的六边形设计，显得夸张而突兀。同时，整体外形也显得笨重和丑陋。由于这种与大众审美相悖的夸张风格，斯巴鲁B9 Tribeca的销量不佳。

（3）外形设计不符合人体工学原理，导致驾驶不舒适。丰田普锐斯第二代车型（图3-31）的仪表盘采用了中央挡板式设计，导致驾驶者需要扭转脖子才能看到速度表和转速表等信息，长时间驾驶容易疲劳。此外，普锐斯第二代车型的座椅也比较低，很多操作都需要驾驶者弯腰才能完成，导致用户在使用中的不适。总之，汽车外形设计应根据人体工学原理，设计出符合人体工学的汽车外形，让驾驶者可以更加舒适地驾车。

图3-30 斯巴鲁B9 Tribeca

图3-31 丰田2普锐斯第二代车型

4．汽车外形设计的发展现状及趋势

从汽车外形的变化阶段我们不难发现，应用空气动力学进行汽车外形设计的探索从来就没有停止过。许多试验和计算的成果都已用来指导和改进外形设计。车身表面形状的进一步流线化、迎风面和背风面倾斜角的调整、前后扰流板及尾翼等空气动力学附加装置的使用，都证明了这个事实。

我国一直以来都是以低速载货汽车为主要生产对象，因此在汽车设计中对空气动力学因素的考虑较少。随着我国高速公路交通的不断发展，汽车的速度有了很大的提高，国内汽车界也开始意识到汽车空气动力学的重要性。我国汽车工业在这一领域的研究和投资还处于初级阶段，还需要不断的探索和努力。

未来汽车造型设计仍然是一个多学科交叉的研究领域。在现代汽车外形设计领域，"以性能为外形"是汽车外形设计的一个重要命题，也是人机工程学研究的一个重要方面。而空气动力学在汽车外形设计中的应用还有待进一步发展。一方面，智能传感技术的进步，材料技术的进步，人工智能技术的进步，这些都为汽车空气动力学的研究和应用创造了条件。另一方面，随着个性化定制和环境节彰环保的发展趋势，未来汽车外形设计需要综合考虑空气动力学和美学等多个方面的因素。

课后思考

（1）简要阐述汽车行驶中阻力、升力、侧向力对车辆的影响。

（2）从空气动力学的角度阐释为什么赛车离地间隙很小，以及赛车尾翼板的作用和角度。

DE
SIGN

第四章 智能座舱技术

教学内容： 1. 智能座舱基础知识

2. 智能座舱设计要素

3. 汽车Color-Trim基础知识

教学目标： 1. 了解智能座舱设计的起源和趋势

2. 明确智能座舱设计和CMF设计的要素原则

3. 掌握智能座舱设计的基本要素原则并能设计出相应的智能座舱

授课方式： 多媒体教学、理论与设计案例相互结合讲解并设置课堂思考题

建议学时： 12～18学时

第一节　智能座舱基础知识

随着电子电气技术的发展及封闭式厢型轿车的热卖，人们开始关注座舱与生活空间的结合，将生活中的习惯与设备搬入座舱，让座舱逐步成为人的"第三生活空间"。特别是进入21世纪后，随着人工智能、传感器、芯片以及云计算等技术的不断发展，更多智能化与个性化的功能被开发了出来，座舱可以更主动地感知人的行为、表情及操作，实现更具安全性和娱乐性场景，给用户带来更好的驾乘体验（图4-1）。智能座舱作为提升舱内驾驶体验的首要手段，已成为汽车设计实现差异化竞争的新领域。

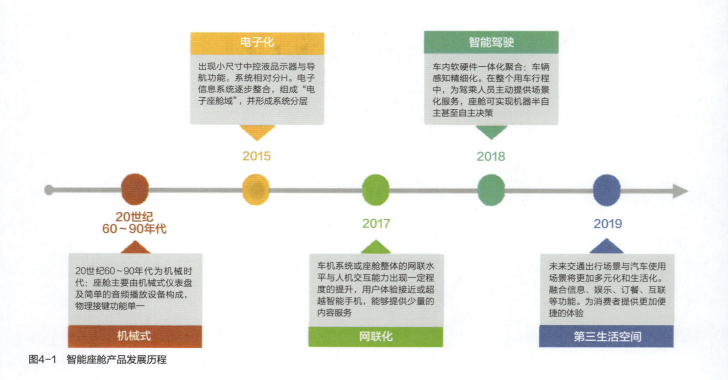

图4-1　智能座舱产品发展历程

1. 智能座舱定义

顾名思义，智能座舱就是在传统车载座舱系统的基础上增加了智能化的属性，通过感知（语音、视觉等）、认知、决策、服务的过程使车辆能够主动服务驾驶员和乘客，提升座舱的科技感并给人带来更好的安全、便捷、趣味性体验。汽车智能座舱搭载车载感知、决策、交互等软硬件系统，融合人工智能、物联网等技术，具有人机融合、场景拓展、网联服务等广义人机交互的能力，为驾乘人员提供安全、智能、高效、愉悦等综合体验的智能移动空间（图4-2）。

智能座舱是汽车产业数字化、智能化发展的新型趋势，主要包括座舱内饰和座舱电子领域的融合创新。它从消费者需求及应用场景角度出发，构建了一套全新的人机交互体系，旨在提高座舱内的安全性、舒适性和可操作性。目前，对于智能座舱尚无标准定义，业内主要有两种不同层面的定义。第一种是将智能座舱定义为智能服务系统，从终端消费者需求及应用场景出发，智能座舱能够主动洞察和理解用户需求，并满足用户需求，为用户提供良好的驾乘体验。另一种将智能座舱定义为智能移动空间。在这种定义下，汽车不再仅仅是出行工具，而是可以实现座舱与人、车、路智能交互的移动平台。这种形态的智能座舱将更加智能化和人性化，是汽车和房间组合而成的全新的产品品类。

2. 智能座舱的两个阶段

与上述定义相对应，可以将智能座舱的发展分为两个阶段。

智能驾驶：应用人机交互与座舱感知技术，车内软硬件一体化聚合，车辆感知精细化。车辆在整个用车行程周期中，为驾乘人员主动提供场景化服务，座舱可实现半自主甚至自主决策（图4-3）。

第三生活空间：未来交通出行场景与汽车使用场景将更加多元化和生活化，基于车辆位置与状态信息，融合信息、娱乐、订餐、互联等功能，为消费者提供更加便捷的体验。尤其是自动驾驶实现后，智能座舱可以更好地为用户提供场景化服务，如商务会议、睡眠、影音娱乐、游戏、美容和教育等（图4-4）。

3. 智能座舱的关键技术和技术趋势

（1）智能座舱关键技术。智能驾驶舱是由各种驾驶舱内的电子设备组成的完整系统，以中控面板、仪表盘、后娱乐屏幕等设备为载体，实现人脸识别、多区域检查、视

图4-2　智能座舱概念图

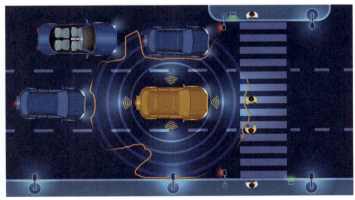

图4-3　智能驾驶

觉跟踪，以及疲劳分类和多模式命令语等功能。此外，还可提供自动音量控制、高速离心警告、疲劳检测等个性化附加功能（图4-5）。未来，智能驾驶舱还将融入增强现实和虚拟现实等技术。

（2）智能座舱的发展趋势。随着智能化和网联化技术的发展与应用，在智慧感知和智能决策的基础上，智能座舱朝着以驾乘需求、用户情感为中心，以场景为驱动，满足驾乘人员多样化需求的方向发展。

（3）智能座舱的结构与应用场景趋势。智能座舱可包含车载信息娱乐控制系统、仪表显示系统、中控屏幕、乘客屏幕、后排屏幕、抬头显示、流媒体后视镜、语音控制系统、驾驶员监测系统等。智能座舱主要的应用场景包括智能座舱通过语音、手势及其他人机交互模式下的人机共驾；通过车载芯片和车载系统对CAN、ECU等电子器件反馈的数据进行计算，掌控汽车行驶状态以及各种参数指标，以适配车辆保持最佳状态。

（4）智能座舱的集成化趋势。随着汽车电子化程度的提高，集成了中控屏、液晶仪表、抬头显示和后座娱乐的多屏融合智能座舱将打破不同系统间的技术壁垒，实现产品融合、多屏互动及信息交互，实现数字化、集成化和人性化的交互体验。从更长远的角度来看，一机多屏、多屏融合和智能控制（语音、触摸、手势）是智能座舱进一步的发展趋势（图4-6）。

（5）计算能力大幅提升。随着语音、视觉、声学及多模态算法的应用，智能座舱从单帧感知变为时序感知，从平面感知变为立体建模，从单模态变为多模态学习，从监督学习变为半监督学习或自主学习，感知算法的增加对主芯片算力提出了新的要求。而随着全图监测种类、分辨率的提升、多模ASR路数、摄像头数量的增加等，也需要大幅提升主芯片算力。此外，OTA升级还需预留一定的空间，预计到2025年，智能座舱主芯片算力要求在80kDMIPS以上。

（6）小结。智能座舱是一个跨行业、多领域技术高度融合的产品。其产业链长，体系结构复杂，涉及的技术也很广泛：从芯片到操作系统，从车端到云端，从通信到控制，从驾驶域、控制域到娱乐、导航、音乐等上层应用，从图像传感器到音频传感器，更包含机器学习、深度学习、信号处理等各类算法。智能座舱技术架构复杂，且尚无统一的标准，在规划设计时需考虑场景、资源、多方协同，甚至法律等多方面因素。

图4-4　多元化座舱场景

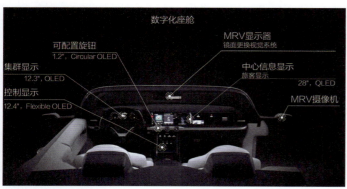

图4-5　智能座舱显示

图4-6　集成化趋势

第二节 汽车人机交互设计

一、汽车人机交互新理念

目前，汽车的变革不仅体现在动力源、驱动方式和驾驶体验上，驾驶舱也摆脱了传统的机械和电子空间，智能化水平不断提升，成为人们生活中除家庭和办公室外的"第三空间"（图4-7）。现代汽车的智能座舱通过高新技术，如人脸识别、指纹识别、语音、手势交互和多屏联动等，大幅提高了环境感知、信息采集和处理等方面的能力，成为人类驾驶的"智能助手"。智能座舱已经远离简单的电子化，进入了智能助理阶段，其中一项显著标志是人与驾驶舱的相互作用从被动式进入主动式，这种"被动的"和"主动的"是以驾驶舱本身为中心定义的。过去，信息交流主要由人发起，现在，人和机器都可以启动，人机交互水平已成为定义智能座舱产品水平的重要标志。

从电脑和手机的历史可以看出机械与人互动方式的发展趋势，从繁杂到简约，从抽象的动作到自然的互动，未来最主要的人机交互发展趋势是将机械由被动响应变成主动式交互。随着电子技术的进步和车主的期望，智能座舱的发展也经历了类似的过程。汽车内外的电子信号和功能不断增多，旨在降低车主的注意力分散，减少驾驶压力，因此汽车的人机交互方式也在逐步演变：从物理旋钮/键盘——数字触摸屏，再到语音操控——自然状态互动。

二、人机交互（HMI）理论

人机交互（Human Machine Interaction，简称HMI），在汽车领域，是人与汽车的交互，包括视觉、听觉、触觉、嗅觉等的交互。每一个有效的交互都是在一定的场景中展开的，都要满足用户的需求。汽车人机交互主要包含UI和UX两部分。UI指

图4-7 自动驾驶智能座舱

Userinterface，即用户界面。用户通过产品的画面指引进行交互，完成操作。UX指Userexperience，即用户体验。指用户在使用产品的过程中，对整个产品交互的体验感受（图4-8）。

现在HMI设计多指车载交互系统的体验设计。人机交互系统可以实现人与车之间的沟通，用户可以通过HMI系统，获取车辆信息、车辆报警，并且进行车辆设置、实现娱乐功能等。随着现在汽车智能化程度越来越高，座舱舱内交互形式越来越丰富多样，车载HMI设计已经不再局限于一块屏幕和几个按键的交互，而是包括车内多个屏幕、灯光、声音，集合了智能硬件，多模交互、万物互联在内的汽车座舱整体的体验设计（图4-9）。

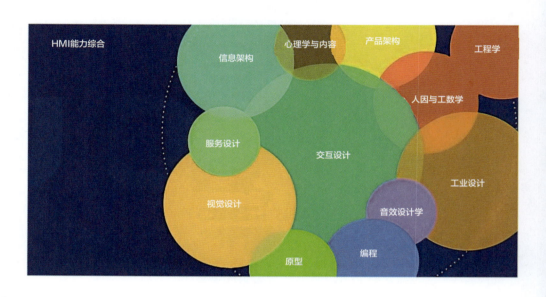

图4-8　HMI领域交叉

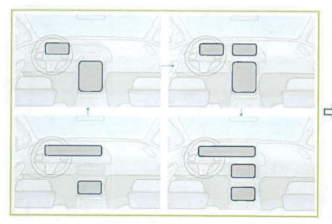

传统向智能化转型期（2010—2018）
主交互：物理实体+触屏

· 这一阶段人机关系围绕"驾驶控制"和"驾驶安全"展开
· 物理按键、旋钮结合触屏交互是主要的交互方式

进化期（2019—2024）
主交互：AI语音交互+触屏

· 去实体化（按键、旋钮）
· 车内体验场景更加丰富
· 有限自动化使主驾驶位更多交互的可能
· AI助手可以替代触屏完成更多交互任务

全面智能期（2025—2035）
主交互：AI语音交互+手势+触屏

· 人-车交互时间更长，主副驾驶位的娱乐需求更加旺盛
· T形布局趋势
· 有限自动化使主驾驶位有更多交互的可能
· AI助手可以替代触屏完成更多的交互任务

图4-9　HMI人机交互趋势

1. HMI的设计原则

（1）安全性原则。汽车与其他智能设备不同之处在于，其一直处于动态变化的环境中，要充分考虑天气、光线、噪声、路况变化等因素影响，交互过程中要避免与驾驶安全相关的重要信息反馈不畅的情况，如视觉警告、声音提醒等。汽车人机交互设计要遵循人机工程学进行合理设计，符合用户使用习惯，操作便捷，不影响驾驶安全，为避免信息反馈问题，可以采用多模态融合的交互方式，加强信息输入与输出，减少手动操作与视觉注意力占用，提高交互系统安全性。

（2）及时反馈原则。当驾驶员触控、语音、手势等进行交互操作后，要给予操作及时反馈，避免多次操作或反复确认。在有驾驶安全相关的车辆状态报警信息时，要及时迅速地将警示信息反馈给驾驶者，如动力故障、胎压报警、电量信息等。在监测到疲劳驾驶或预测到路面湿滑、前方事故等场景时，要主动及时通过视觉信号、听觉信号提醒驾驶员注意。

（3）优先级原则。基于一般用户界面设计原则，并考虑到驾驶条件，为了保证用户以最方便、最高效的方式获取信息和执行操作，主设备应放置在离用户最近的区域。

（4）易认知原则。不同用户对产品的认知水平与学习能力不同，设计时要尽量考虑用户的使用习惯，减少与手机端或其他车型系统的使用差异，简化交互界面与过程，减少学习与适应，让用户简单自然便捷地上手，快速实现场景下的目标功能。

（5）情感化原则。汽车人机交互情感化设计不仅要关注用户对产品功能及视觉上的显性需求，还要关注用户未表达出来的隐性心理需求。通过视觉、听觉、触觉、嗅觉、感知五感创造出丰富的全局体验，打造更主动、更了解、更个性的情感化的人机交互设计，提高用户体验，如主动交互、情感语句、自定义氛围灯、自定义香氛等。

2. 自动驾驶时代下HMI的开发重点

根据RFC2119，每个功能需求实现的必要性基于三个级别来表示：①"必须"表示需要实现；②"应该"表示希望实现；③"可能"表示需要某种程度的实现。HMI的功能需求主要包括以下8个方面（表4-1）。

表4-1　　　　　　　　　　　　　　　HMI的功能要求

数字	功能性需求
1	HMI必须持续地与当前模式通信
2	IMI必须不断地将当前模式的剩余时间/时间传递给下一个模式
3	HMI支持模式感知传达的信息必须直观易懂
4	HMI支持模式感知所传递的信息不能导致信息过载
5	当模式发生变化或即将可用时，HMI应告知下一个模式将是什么
6	HMI应该提醒司机该做什么(不应该做什么)
7	当司机要求时，HMI应在整个路线中传达可预见的自动化模式
8	如果驾驶员从未使用过HMI，在提供启用自动化功能的驾驶之前，HMI可能会引导驾驶员了解其功能以及这些功能与自动化功能和职责的关系

3. HMI未来发展

（1）无处不在的显示（图4-10）。智能汽车车载显示将会朝着大尺寸、高分辨率、创新的外形设计、多方位布局等方向发展，不再仅仅局限于中央仪表盘等位置，而是朝着多方位、多维度、多显示设备的方向发展（图4-11）。

（2）个性化。技术服务用户，而HMI是技术与用户之间的交互桥梁。可用、易用，把机器语言转化为用户可理解的界面语言，让用户能在人、车、环境三者之间的交互体验更加友好，仍然是HMI设计的初心。以用户为中心，基于生物识别技术和感知技术，实现的个性化智能交互仍然是未来智能汽车人机交互设计的发展方向之一（图4-12）。

（3）多通道融合交互。多通道融合交互技术将人的多个感官有机融合在一起，与汽车形成交互行为，全面提升用户的驾驶体验。在用户驾驶汽车的时候，视觉仍占信息接收的4/5，视觉通道技术仍是未来智能汽车人机交互设计的基础，再加之语音交互等技术，多通道融合交互是未来的发展趋势之一（图4-13）。

图4-10　无处不在地显示

图4-11　HMI多维布局发展

图4-12　HMI多维布局发展

（4）智能情感交互。随着信息处理数量和复杂性不断增加，为避免驾驶员分心，在更加自然的对话基础上，智能汽车人机交互设计更强调将汽车视为高智能的执行机器向高智商的情感机器人的转变。

利用机器学习以及深度学习等技术，未来的智能汽车将通过研究车主的行为方式来与车主进行交流，可以准确地识别人脸更多细节信息，如表情、微表情、精神状态（是否疲劳、是否专注）、视线注意等，以判断人的情绪，疲劳状态，专注度等，并提供疲劳驾驶预警，以及情感互动，提升驾乘的安全性和体验性（图4-14）。

此外，利用车联网技术、智能交通系统等，车辆还可以与周边环境、车辆等进行实时互动，实现社交层面的汽车外观智能情感的交互（图4-15）。

4. HMI未来设计小结

第一，汽车人机界面的可视化程度将会越来越高。汽车人机界面的可视化程度指的是汽车操作者可以通过图形、文字、图标等形式来更好地理解汽车的操作和控制。随着汽车技术的发展，汽车人机界面的可视化程度会不断提高，使操作者更容易理解汽车的操作和控制。

第二，汽车人机界面的交互性越来越强。汽车人机界面的交互性指的是操作者可以通过触摸屏、语音控制等方式与汽车进行交互，使汽车操作者更容易与汽车进行交互。

第三，汽车人机界面的安全性越来越高。汽车人机界面的安全性指的是汽车操作者可以通过安全技术，如身份验证、数据加密等，来保护汽车的操作和控制。随着汽车技术的发展，汽车人机界面的安全性也在不断提高，从而使汽车操作者更容易保护汽车的操作和控制。

第四，汽车人机界面的智能化程度越来越高。汽车人机界面的智能化程度指的是汽车操作者可以通过人工智能技术，如机器学习、自然语言处理等，来更好地操作和控制汽车。

触控按钮　　　　　　　　触屏交互　　　　　　　　语音交互　　　　　　　　手势交互

图4-13　HMI交互技术

图4-14　用户情感体验识别　　　　图4-15　外观情感交互

总之，汽车人机界面的发展趋势主要表现在可视化程度、交互性、安全性和智能化程度等方面，这些趋势都在不断提高，从而使汽车操作者更容易操作和控制汽车。

三、汽车智能座舱设计要素

1. HMI体系

智能座舱主要涵盖座舱内饰和座舱电子领域的创新及联动，从消费者应用场景角度出发构建的人机交互（HMI）体系。智能座舱通过对数据的采集，上传到云端进行处理、计算，为用户提供场景化服务，增加座舱内安全性、娱乐性和实用性。智能座舱的终极形态，将是通过语音交互、机器视觉、触觉监控等多模态交互方案实现车内感知，进而与高级别自动驾驶相互协同融合，成为集家庭、娱乐、工作、社交为一体的"智能移动空间"（图4-16）。

2. 娱乐互联系统

提升座舱体验的需求日趋强烈、"车-家互联"或成重要驱动因素。受消费电子产品影响，用户提升座舱体验的需求日趋强烈。在使用手机等电子产品时，用户偏好更大更清晰的屏幕、语音交互方式以及个性化的应用服务，大尺寸、集成化与专用化的显示、场景化氛围灯设计与全方位发声、个性化温度及气味、媲美游戏主机的车载游戏系统处理器，作为伴随智能手机崛起而长大的一代，年轻化群体对座舱内体验的需求更为显著。这与消费者的需求层级也是相对应的，当安全、性能和舒适度等需求得到满足后，娱乐将是未来消费者对汽车的重要需求。汽车信息娱乐系统的触觉输入元素主要包含图4-17中的内容。

3. 智能座舱显示屏

车载显示屏是指安装在汽车内部的显示屏，主要功能为驾驶辅助与娱乐。根据车载显示屏装载位置的不同，车载显示屏也可为仪表显示器、抬头显示器、后视镜显示器、中控显示器与后排显示器（图4-18）。

4. 智能座舱音响系统

汽车声学系统硬件包括：扬声器、车载功放、AVAS等。软件包括：整车调音技术，声学信号处理技术，如音效算法、移频算法、声浪模拟算法、车内主动降噪、多区域声场重放、扬声器阵列宽带声场控制等（图4-19）。

图4-16 华为智能座舱燃油SUV——"北京汽车魔方"HUD展示

信息娱乐系统　　　　　　　　气候控制　　　　　　　　按钮控制

中央控制　　　　　　　　触摸屏显示　　　　　　　　方向盘控制

图4-17　汽车信息娱乐系统的触觉输入元素

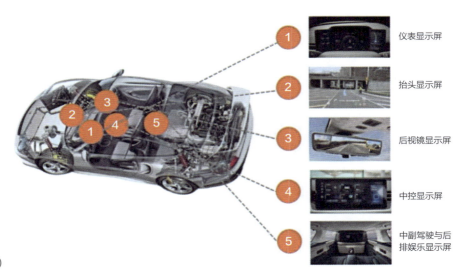

1　仪表显示屏

2　抬头显示屏

3　后视镜显示屏

4　中控显示屏

5　中副驾驶与后排娱乐显示屏

图4-18　车载显示屏分类（按装载位置划分）

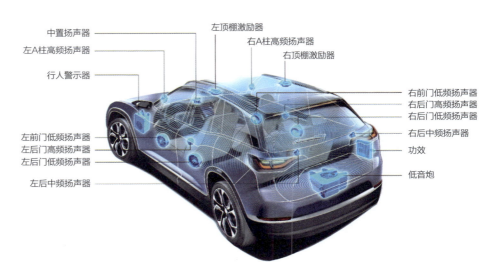

中置扬声器　　　　　左顶棚激励器　　　右A柱高频扬声器　　　右顶棚激励器

左A柱高频扬声器

行人警示器

右前门低频扬声器
右后门高频扬声器
右后门低频扬声器
右后中频扬声器

左前门低频扬声器
左后门高频扬声器
左后门低频扬声器
左后中频扬声器

功效

低音炮

图4-19　汽车声学主要产品分布

语音控制方面,目前用户可以在车内通过语音助手"主动控制"导航、音乐等车机软件,还能够控制少部分车内硬件,如车窗、空调等。未来,语音控制将在智能座舱平台发挥更加重要的作用。车载智能语音从简单代替实体按钮和开关来控制车内其他功能,到为驾驶员及乘客提供更多交互服务,在智能座舱趋势下凸显重要性,面向下一代的车载语音助手将向更加富有个性化和情感化的交互服务转变。

5. HUD

HUD(Head Up Display)中文一般称之为抬头显示,分风挡玻璃型(Windshield,W型)和集成显示型(Combined,C型)。HUD最早于2011年出现在通用的Corvette上,2004年宝马推出第一个彩色显示HUD(图4-20)。

6. 发展趋势

未来,智能座舱将不再局限于座舱本身,更会扩展到与之关联的环境,形成车-机(手机)、车-家互联、再到更广泛的车-路、车-城互联,发生联系的范围逐步扩大、数量不断增多。以"人(驾乘人员)-机(座舱)-环(环境)"作为一个完整的系统,智能座舱的核心可以概括为广义交互,即座舱通过多种方式合理"翻译"人的指令或需求,进而驱动座舱甚至环境为人提供丰富的功能体验与生态服务。这依赖人机融合、网联服务、场景拓展三个维度的共同发展进步。

此外,随着大算例芯片和AI等技术的发展,车机交互也由传统单模像多模态交互发展,图像视觉感知、人脸识别、视线追踪、手势识别、情绪识别、语音感知的多维度的感知结果通过AI神经网络技术进行的融合,将汽车座舱从被动交互转变到主动交互模式,在此基础上,高度场景化的决策推荐模式,将极大提升人机交互的体验(图4-21)。

根据智能座舱的人机融合、网联服务、场景拓展的发展趋势,智能座舱将预期经历以下发展阶段(图4-22):

(1)2025年左右,高阶认知智能座舱(L3)开始市场导入,部分认知智能座舱(L2)实现大规模市场化普及。智能座舱具备在舱内外部分场景下的座舱主动感知、座舱部分主动执行的能力,同时普遍实现开放地持续升级的云服务能力。

(2)2030年左右,全面认知智能座舱(L4)开始市场导入,高阶认知智能座舱(L3)实现大规模市场化普及。智能座舱具备舱内全场景舱外部分场景下的座舱主动感知、座舱主动执行的能力;同时融入车路云一体化平台,实现相关互联互通,拥有丰富的在线资源,初步实现智能座舱虚拟空间和物理空间融合发展。

图4-20　汽车抬头显示示意图

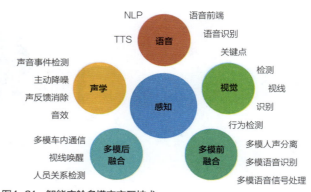

图4-21　智能座舱多模态交互技术

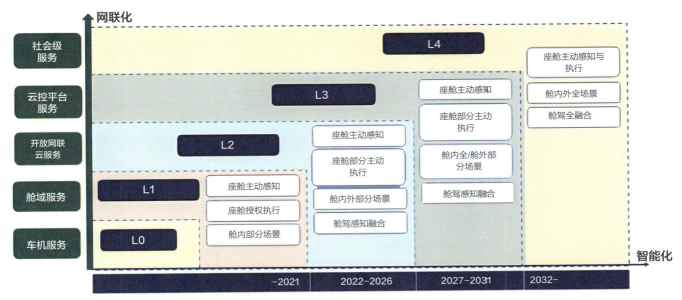

图4-22 蓝图（Roadmap）

（3）2035年以后，全面认知智能座舱（L4）逐步实现大规模市场化发展。智能座舱具备舱内舱外全场景下的座舱主动感知、座舱主动执行的能力；同时进一步融入智慧城市等综合社会服务平台，最终形成可为驾乘人员提供安全、智能、高效、愉悦等综合体验的"第三空间"。

四、新能源对智能座舱的影响

1. 汽车座舱材料的改进

新能源汽车在设计上更加注重环保和节能，将采用更多可再生材料、环保型材料和高级材料，使座舱内材质更加优质、健康和环保。例如，新能源汽车的内饰材料已经由传统的木材、金属、塑料等材料发展为现在的碳纤维、环保塑料、环保橡胶等材料。这些新型材料不仅更加环保，而且更加轻便耐用，也使汽车内饰更加美观实用（图4-23）。

图4-23 新型环保材料

2. 车内空间设计更加灵活

由于新能源汽车的电池组通常布置在车底板下或后备箱底部，因此可以将原来用于装载发动机的空间可做他用，这可以提高车内空间利用率，使设计更加灵活、美观。并且使汽车内饰的设计更加多样化和灵活。新能源汽车的内饰设计从传统的简单线条发展到现在的多样性设计，如曲线、折线、椭圆等。

3. 智能化程度提高

新能源汽车的智能化程度进一步提高，车内智能驾驶辅助系统、语音控制系统、娱乐系统等的设计也更人性化。例如，新能源汽车内饰的功能已经由传统单纯的装饰功能发展出现在的智能控制、蓝牙连接、触摸屏操作等多种多样的功能。

4. 安全性要求更高

新能源汽车的高压电池和电动驱动系统需要更高的安全性和可靠性，因此车内的电气和电子部件需要更加严格的设计和安装要求，以确保乘客的安全。

5. 空调系统更加重要

新能源汽车由于电池组的特殊性质，需要更加先进的空调系统来保证车内的温度和湿度。因此，空调系统的设计和安装也更加重要。

第三节　汽车内饰Color-Trim（CMF）设计

一、CMF设计理论研究

CMF（Color，Material，Finishing），指产品设计的颜色、材料和表面处理。（图4-24）。

作为一门涉及颜色科学、工程材料科学和应用心理学等多个学科知识的交叉学科，CMF设计强调对颜色、材料和表面处理过程的有针对性的处理，并促进产品设计表现出多样化的效果，CMF设计有利于在加强品牌差异化的同时，提升产品价值（图4-25）。

图4-24　Color-Trim（CMF）

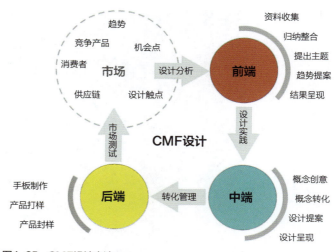

图4-25　CMF设计方法

| 黑色 | 白色 | 米色 | 红色 | 棕色 |

图4-26 量产车内饰常规用色（上）、概念车内饰常规用色（下）

总而言之，CMF设计是颜色、材料和工艺的结合，使其各自具有优势，改善了产品的外观和功能，平衡了产品的实用性和美观性，并改善了用户体验。这是提高整体产品质量和为产品创造更高价值的重要步骤。而且，在设计过程中，必须深入挖掘应用程序和情感层面。

二、汽车内饰CMF的色彩元素

1. 内饰CMF色彩的作用

色彩设计往往会给消费者带来不同的新鲜感和强烈的视觉冲击，以及最熟悉的心灵感受。在设计中把握颜色设计的比例尤为重要（图4-26）。

从色彩设计来看，车内色彩面积不宜过大，车内色彩环境应营造平和明亮、从容、持久的驾驶氛围。设计师可以从色彩的语义与空间感受的关系出发，搭配成功的色彩方案。

汽车颜色已经成为汽车品牌文化的重要组成部分。出色的色彩设计总是需要全面而丰富的色彩分析和建议，从而开发出符合这种汽车特点和消费者需求的成功色彩方案（表4-2）。

表4-2 汽车内饰色彩语义与空间感受表

颜色	颜色语义	空间感受
冷色	冷静、清凉、寒冷	低调奢华、冷静神秘
暖色	温暖热情、活力	热情洋溢、活力动感
中性色	安静、中庸、高端	沉稳柔和、科技高级

（1）色彩的力量。颜色与人类的心理、生理和社会认知密切相关，是影响消费者购买意愿的重要因素。因此，颜色是一个值得研究的审美定制元素。

表4-3反映的是12种内饰颜色与消费者购买意愿的关系。

表4-3   导致积极购买决定的最常见颜色

颜色	顶级的设计（%）	糟糕的设计（%）	像没用一样（%）
黑色	28.3	24.8	28.4
棕色	15.2	5.1	9.8
米色	13.0	1.5	7.8
灰色	10.3	14.6	15.7
白色	5.4	8.0	7.8
红色	4.9	6.6	8.8
绿色	4.3	10.9	2.0
蓝色	2.7	5.8	5.9
橙色	1.6	6.6	1.0
黄色	7.1	4.4	3.9
青色	1.6	1.5	6.9
品红色	5.0	7.3	1.0
紫色	4.0	2.9	1.0

图4-27 汽车白色内饰

图4-28 汽车深色内饰

图4-29 汽车灰色内饰

（2）不同色彩在内饰上的应用。汽车内饰的颜色一般不超过3种，大部分区域为主体色，其余区域为辅助色。汽车内饰设计的一般原则是：明亮的色调是内饰的主要基调，而深色调是辅调；以颜色的纯度来说，灰调为主基调；两种颜色的组合可以通过冷暖协调来实现过渡。此外，在潜意识中，浅色系可以使空间变大，这在小型车内饰的设计中尤为重要。例如，白色是浅色系的代表（图4-27），在颜色功能理论中，白色是汽车内饰的主要车身颜色，与车身颜色的对比值大。一般将白色与其他颜色结合作为辅助色，令人眼前一亮。

深色的内饰装饰给人精致、高贵、沉稳感，黑色是最普遍的深色内饰颜色（图4-28），此外，黑色内饰也带给人品质感和科技感。

灰色，作为中间色调灰色的接受度很高，在色彩功能方面，灰色介于白色和黑色之间，可以消除所有颜色的对比并平衡颜色之间的关系（图4-29），灰色给人平静的感受，还具有独特的奢华感。

2. 汽车内饰CMF色彩设计要求

（1）有主色调。在汽车的内饰设计中，主色调是指内部空间的色调或色调倾向。在CMF的内饰色彩设计中，统一内部空间的颜色非常重要。在内饰设计中，有必要将汽车内部的统一风格与产品部件的统一性协调起来。内饰设计的主色调应考虑汽车的内部组成、使用环境、流行色，以及用户的审美意图等。

（2）色彩搭配均衡稳定。均衡是指水平方向（即前后左右方向）的平衡，稳定性主要指垂直方向（即垂直方向）的感受。汽车内饰色彩立确保所选颜色与视觉平衡。在内饰CMF的设计中，需要对颜色进行一定程度的处理，以表达颜色的真实色彩、轻重和厚度，并提高颜色的质感。在视觉平衡中，装饰性的水平线应该比垂直线更有效。水平线可以在视觉上减少割裂感，更全面地展示内部空间。

（3）统一与变化相结合。这里的统一和变化的对象主要指色彩中的色相、明度和彩度三个元素。在设计中，应考虑色彩的色相、明度和彩度三方之间的统一和变化，在统一中找到变化，使内饰颜色更加丰富、避免单调乏味。

（4）比例与尺度和谐。部分和整体之间的尺寸和大小关系称为比例。尺度通常被用作一种重要的衡量标准，用来表示日常生活中常见的事物的大小关系。汽车内饰色彩设计还应充分考虑各部分的比例和尺度，有效地组合和切割色块，使内部空间和谐统一。

三、汽车内饰CMF的材料元素

新材料和新材料的新应用对CMF设计至关重要，它为产品设计提供了广阔的空间。通过视觉和触觉，用户对不同的材料有不同的情感体验，设计师往往可以借助材料来表现产品的性能和情感价值。随着科技的发展，新型环保材料的应用越来越普遍，未来，环保、舒适、实用、安全是汽车内饰材料选择的发展趋势。

从面料的原材料来看，它主要包括木材、再生纤维、毛毯、皮革和最常见的纤维材料，其中一些材料适用于在车辆地板上生产地毯，还包括顶棚的一些剩余部分，汽车内饰座椅是用聚氨酯和聚丙烯发泡材料制成。作为一个个性化发展的时代，材料设计在汽车内饰设计中至关重要，材料的选择和组合为用户提供最新体验的可能性是数不胜数的（图4-30）。

1. 内饰表面材料

（1）座垫面料。汽车座垫面料包括真皮和人造皮革两大类：真皮座套革一般采用头层革，也有部分采用二层革。天然皮革具有卫生性能好，易保养，高端大气等特点，但也存在生产成本比较高、质重、单调，以及挥发气味等问题。

人造皮革比真皮便宜，生产周期短，均匀性好，切割操作方便。用于汽车座椅的人造革通常包括聚氯乙烯（PVC）人造革和聚氨酯（PU）人造革。其中，聚氯乙烯合成革

图4-30　材质选择

是以织物或针织材料为基础，附着聚氯乙烯树脂制成，与天然皮革类似，具有明亮的外观、耐磨性和耐酸性（图4-31）。

（2）顶篷内饰面料。车顶内饰主要有三种面料，针织面料易于清洁。无纺布使用天然纤维，具有环保的优点，同时可以实现深冲压，形状稳定性好，适合具有复杂表面形状的内饰部件。PVC织物也常用于车顶面料，但近年逐渐被聚酯纤维无纺布取代（图4-32）。

（3）地毯面料。常见的地毯面料有PVC织物、PET织物、EVA基复合面料和PA软绵绵织物等。PVC地毯由PVC材料制成，采用滚动和发泡工艺制成（图4-33），容易清洁，细菌不易繁殖，但生产过程中添加的挥发性物质会在高温条件下释放，有害健康。

由聚乙二醇酯（PET）材料制成的地毯以PE（聚乙烯树脂）涂层为原料编织而成。聚酯纤维是主要成分，邻苯二甲酸酯和乙二醇聚合。PET地毯具有成本低、工艺简单、环保等优点。

2. 环保内饰材料的应用

（1）可再生纤维。天然纤维是玻璃纤维的替代品（图4-34）。分为两类：一是从可再生资源中获得的韧皮纤维和作为废物回收的纤维物质，这是主要材料来源；二是在复合材料中使用时，纤维需要不含任何显著的水或油含量，这是韧皮纤维的质量，以及刚度和柔韧性。

与复合材料应用相关，特别是与汽车应用相关的韧皮纤维的固有特性是重量轻、抗拉强度高、质量均匀一致、声学和绝缘性能好以及成本低。从环境角度来看，这些植物能够抵抗害虫和疾病，吸收二氧化碳（CO_2）并释放氧气。

（2）超纤皮革。近些年，超纤皮革材料的发展迅速（图4-35），随着结构的改进，

图4-31　汽车座垫面料

图4-32　汽车顶棚面料

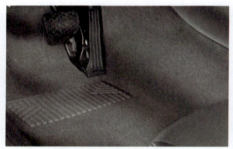

图4-33　汽车地毯面料

图4-34　天然纤维材料，用于汽车外观与内饰

图4-35　超细纤维合成革

图4-36　丰田SAI内饰空间

其撕裂强度、拉伸强度、抗断裂性和耐寒性都得到了提高，此外，超纤皮革的仿真性好，VOC含量低，环保性能好，且易于清洗。

（3）生物塑料。聚乳酸（PLA）生物塑料来自可再生资源，如甘蔗或甜菜、木薯、玉米或木薯淀粉，具有耐热、坚固的优点。

丰田在丰田SAI混合动力轿车的侧饰板、立柱盖、顶篷和遮阳板以及iREALAnn和i-REALKei个人移动汽车原型的零件中使用了植物衍生塑料。汽车内饰部件和织物制造商丰田博舍库共同开发了这种"生态塑料"，生物塑料覆盖了Sai混合动力轿车60%的可见表面（图4-36）。

3. 内饰材料发展趋势

新材料和新材料的新应用对CMF的设计至关重要。因为它为产品设计提供了广阔的空间和丰富的地板。对于不同的材料，用户有不同的情感体验，可以通过触觉和视觉获得。在设计过程中，设计师可以通过接触材料来表现产品的实际性能和情感价值。

随着科技的发展，新型环保塑料材料的应用越来越普遍。它们具有节能、加工方便、轻质、可回收的传统塑料材料的特点。它们拥有简单的塑性、耐化学性、高温、高黏度等优良特点。可以作为金属的替代材料。

随着电动汽车减重的发展，扩大新型环保塑料材料的应用是电动汽车内饰材料使用的必然趋势。随着人们对汽车内饰材料需求的增加，汽车内饰材料也在不断发展。但环保和健康意识正在增强。因此，在未来汽车内饰材料的开发过程中，环保性、舒适性和实用性，安全性都离不开材料的进步。

四、汽车内饰CMF的表面处理工艺

1. 内饰表面处理工艺概述

表面处理是在基体材料表面上人工形成与基体的机械、物理和化学性能不同的表层的工艺方法（图4-37）。表面处理可以提高产品的耐蚀性和耐磨性，并且能够提升产品的美学品质，满足用户多样化的审美需求。

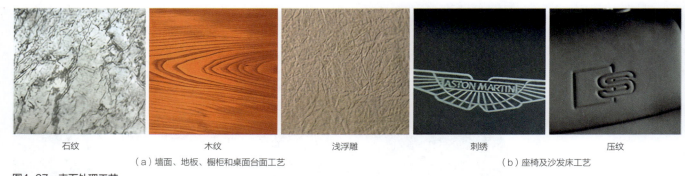

| 石纹 | 木纹 | 浅浮雕 | 刺绣 | 压纹 |

（a）墙面、地板、橱柜和桌面台面工艺　　　　　　　　　　　　　　（b）座椅及沙发床工艺

图4-37　表面处理工艺

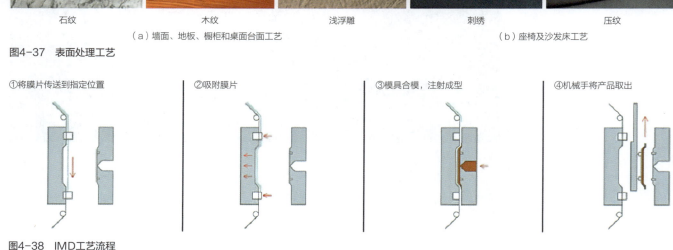

①将膜片传送到指定位置　　　②吸附膜片　　　③模具合模，注射成型　　　④机械手将产品取出

图4-38　IMD工艺流程

　　不同处理工艺会对材料产生不同的视觉和触觉效果，传递不同的感受。在汽车内部，常使用表面喷涂、染色、薄膜、擦色和镭雕等处理技术，使材料表面呈现出不同的颜色、光泽和图案，而通过抛光、喷砂、拉丝和磨砂等技术，则可以让用户在触摸材料表面时感受到不同的软硬度、温度和粗细度。通过选择合适的表面处理工艺，可以提高车内的视觉品质，改善材料的物理性能，带给用户精神上的满足。

　　此外，表面处理技术也会影响生产成本、生产时间和产品寿命周期等，在选择表面处理工艺时，设计者需要根据实际情况进行合理选择。

2. 内饰新兴表面处理工艺

　　（1）IMD。IMD表面处理工艺（In-MoldDecoration，即模内转印技术）（图4-38），IMD是目前国际流行的表面装饰处理技术，表面硬化透明薄膜，中间印刷图案层，背面注塑层，使产品耐磨、防止表面刮花，并可长期保持颜色的鲜明不易褪色。

　　该技术的工作原理如下：

　　其主要特点包括以下几点：

　　1）通过一种成本较低的过程，可以完成产品的装饰；

　　2）使用膜材料进行纹理转印时，几乎不会出现纹理变形；

　　3）对于对图案位置有要求的产品，可以精确定位位置；

　　4）装饰效果的纹理清晰，具有耐划性，并且质感比水转印工艺更加突出；

　　5）使用该技术时无需使用任何黏合剂，对生产环境没有危害。

　　（2）IME。膜内电子（IME）技术结合了传统的连接装饰（IMD）技术和印刷电子技术。IME技术是基于IMD技术和立体电路发展起来的创新技术，是一种使塑料制品具有电子功能的全息"立体电路"薄膜表面装饰技术，是目前汽车内饰领域流行的一种技

图4-39　传统与采用IME技术的对比图

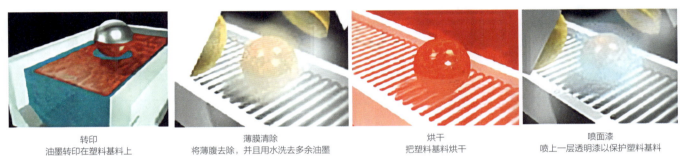

| 转印 | 薄膜清除 | 烘干 | 喷面漆 |
| 油墨转印在塑料基料上 | 将薄膜去除，并且用水洗去多余油墨 | 把塑料基料烘干 | 喷上一层透明漆以保护塑料基料 |

图4-40　水转印工艺流程

术。IME取代了现有冷硬设备的传统接口和装饰细节，与其他工艺相比是一项美观、价格合理的新技术（图4-39）。

（3）水转印。水转印技术正是常见的表面处理工艺，原理是利用水压将带彩色图案的转印纸/塑料膜进行高分子水解（图4-40）。

3. 汽车内饰CMF的表面处理工艺趋势

表面处理工艺是实现产品成形和外观效果的重要手段。表面处理技术与材料的选择密不可分。表面处理技术可以改善产品外观，优化材料性能，延长使用寿命。不同的表面处理技术可以传递不同的材料感觉，例如，木质材料表达友好自然的感觉。通过掌握材料的合理使用，表面处理以及形状、颜色与产品应用环境的结合，使产品具有独特的外观。

在汽车内饰设计中，适当的表面处理技术可以使乘用车的内部更加美观，使材料更加坚固，并为用户带来精神上的满足。

五、汽车内饰CMF设计流程解析

1. 趋势定位分析

定位分析应在充分了解市场趋势、广泛收集相关信息的基础上展开，既要突显品牌特征，也要避免品牌内部的竞争。此外还需要注意内饰设计不能与汽车外观造型的设计理念相悖，两者应相互协调、互相促进（图4-41）。

2. 创意方案与评估

由于工作的独立性和产品市场细分的影响，CFM与整个造型工作分离。型面设计工作是设计工作的核心和主题，CMF设计是对这一核心工作的提升。创意方案评估阶段的内容以二维效果图为主，展现不同颜色和材料的效果。CMF创意设计工作是在确定汽车造型方案后开始进行的，依据整体造型方案具体开展（图4-42）。

与内饰设计相关的注意事项很多，例如，安全、舒适和环保等，在完成创意方案后有必要组织与项目相关的设计师和工程师一道分析技术可行性，评估内饰创意与外观造型的适应性。经审查后确定的效果图用于指导油泥模型计划的展示。

图4-41　CMF信息收集

图4-42　汽车CMF初始方案渲染

3. 设计模型展示

确定二维效果图后，主机厂开始推进座椅等部件的材料选择和设计工作，并交由供应商进行制作，一般在油泥模型第二次评审时与其他样件一起组装在模型上进行评估和调整（图4-43）。

4. 设计样件研制及品质控制

确定设计方案后，还必须对应设计标准模板，确定适于大批量生产的最终方案并完成样件的研制和品控等工作。

图4-43　汽车CMF模型展示

课后思考

（1）简要说明人机交互HMI的含义。

（2）举例说明汽车智能座舱涉及的内容。

第五章

汽车造型设计
分析研究技术

教学内容： 1. 形状文法、图像形变、人工智能技术概念

2. 形状文法、图像形变、人工智能技术的生成规则

3. 掌握汽车造型设计分析研究技术在产品形态设计中的应用

教学目标： 1. 了解形状文法、图像形变、人工智能技术基本理论

2. 了解形状文法、图像形变、人工智能技术的生成规则

3. 掌握汽车造型设计分析研究技术在产品形态设计中的具体运用

授课方式： 多媒体教学、理论与设计案例相互结合讲解

建议学时： 12～18学时

第一节　形状文法及其在产品形态设计中的应用

一、形状文法的概念

"形状"是指物体的外部轮廓或内部的特征轮廓线条，是物体的外在表现形式，它们可以是二维或三维的，并且可以是几何或自然形状。形状可以通过视觉直接传达信息，是视觉设计非常重要的元素，可以影响人们对事物的认知和情感反应。"文法"也称语法，在语言学范畴中指语言中的词句、短语之间的逻辑关系及组成方式。随着学科之间的联系和交叉，"文法"的概念也被运用在设计领域。

形状文法的基本概念是将形状分解为基本元素，并使用规则系统将这些元素组合成更丰富、复杂的形状。这些规则可以描述形状的几何特征，如对称性、重复和比例，也可以描述形状的意义和文化背景。形状文法旨在为设计师提供一种更有效的方式来理解和创造形状。

形状文法可以用于许多领域，如建筑设计、城市规划、产品设计、品牌设计和艺术创作。它可以帮助设计师和艺术家生成复杂的形状，并将形状与文化和历史联系起来。形状语法还可以用于计算机辅助设计和制造，以及虚拟现实和游戏开发等领域。总之，形状和形状文法是视觉设计和建筑设计中非常重要的概念，它们可以帮助我们更好地理解形状的本质和意义，并将这些知识应用于实际设计和制造中。

二、形状文法的规则

卡内基梅隆大学机械工程系的麦考马克（McCormack）在采用形状文法对别克汽车外形基因的推演研究中提出，形状文法主要包括特征原型与特征变形两种规则，也被其他学者称为"生成性规则"和"修改性规则"。所谓"生成性规则"是指基于原始形态特征从无到有的产生一个造型；"修改性规则"是指新的造型产生后，对其进行例如缩放、平移、旋转等修改的规则，目的在于在原有的基础上衍生新造型、满足新要求（表5-1）。例如，"置换"和"增删"属于生成性规则，"平移""缩放""旋转""镜像"和"坐标微调"等属于修改性规则。

表5-1　　　　　　　　　　　　　　　　　　　　形状规则说明

形状规则	规则名称	方法	图示
生成性规则	增删	对初始形状的部分或全部形态曲线进行增加或删除	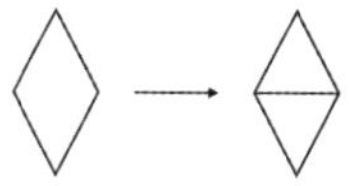
	置换	用其他形态曲线替代初始形状的部分或全部形态曲线	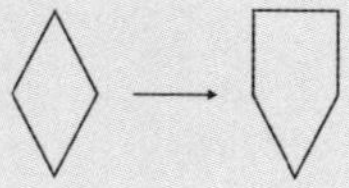
修改性规则	平移	对初始形状的局部进行直线移动	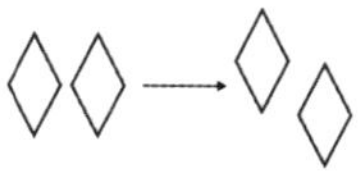
	缩放	对初始形状进行等比例放大缩小	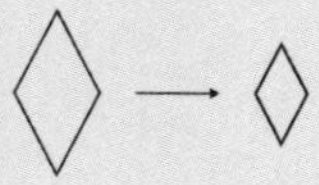
	旋转	将初始形状绕轴移动一定角度	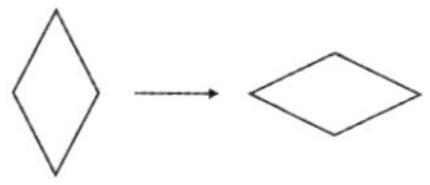
	错切	将初始形状的局部节点坐标按比例改变，其余保持不变	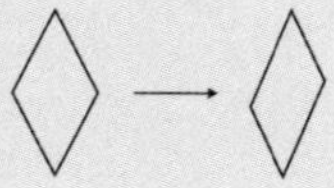
	微调	将初始形状进行细微调整	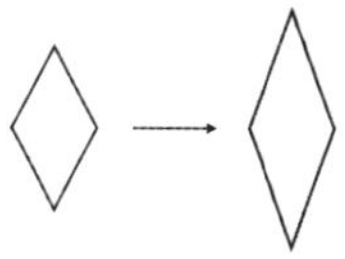
	镜像	对初始形状按某轴线对称反转	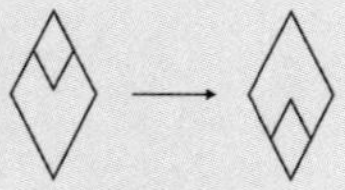

在形状文法执行过程中，不同初始形状因形状规则及执行形状规则的顺序虽然相同，所产生的目标形状会不同；相同的初始形状执行不同形状规则后产生的目标形状不相同；相同的初始形状和形状规则，执行形状规则的顺序不同，目标形状也会不同。

三、参数化形状文法

参数化形状文法指对形状和文法规则进行参数化表达，通过算法应用规则实现形状的自动生成和变化。使用数学算法进行生成式设计可以快速开发出大量设计方案。引入算法的过程需要先将形状文法转化为可通过参数描述的语言，通过对参数的调整来自动进行文法规则的执行，从而引起形状的变化。参数变化是一个连续变量，因此理论上可以获得无限的设计方案。该过程通过约束目标函数，生成满足特定功能需求的造型设计，将客观的工程要求整合到主观的概念设计中。形状的参数化表达可以利用贝塞尔曲线将形状表达成参数控制点的形式，通过控制点的坐标数值来操控形状线条的变化。贝塞尔曲线由法国工程师皮埃尔·贝塞尔（Pierre Bezier）在1962年广泛发表，当时运用贝塞尔曲线进行汽车车身设计。

四、形状文法在产品形态设计中的应用

经过多年的研究实践，形状文法已经成为一种支持设计过程的工具。在探索将形状文法运用于产品设计的过程中，通常情况下是设计师在企业设计政策的指引下构建文法的基础规则，以确保生成的产品符合品牌识别的要求，形状文法在产品形态设计中的应用步骤大致可以分为四步（图5-1），即形态特征分析，形状输入、形状文法推演、方案筛选评价。

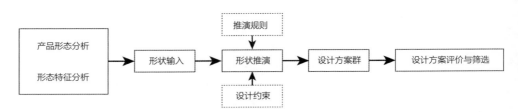

图5-1　产品形态的形状文法推演流程

1. 产品形态特征分析

产品形态特征分析是对产品形态特征进行系统、全面、细致的分类和描述，以便深入了解产品的造型设计特征，通过对产品形态的深入分析，可以发现产品的内在规律和设计原则，包括产品的长度、宽度、高度、轮廓外形等方面的特征描述，也包括与产品整体形态有关的细节部件造型。文法规则执行的对象包括产品整体轮廓，重要特征轮廓和部件特征。因此，需要对产品整体的造型特征进行解构，并分析部件设计特征对整体风格的影响，以便构建文法规则、明确形状推演的范围。最后制定出形态设计的策略和方向，确定设计原则和风格。

（1）造型部件分析。将产品造型根据功能部件和典型特征解构成系列造型元素，例如，将汽车前脸要素拆分为中引擎盖、侧引擎盖、挡泥板、车标、进气格栅、引擎盖接缝线等部件，示意图见图5-2所示。结合语义差异法进行意象尺度测试，根据各造型元素能够体现产品整体风格的程度进行量化评分，得到各造型元素在产品整体风格中的权重，即各个设计特征的产品整体特征的贡献率。权重较高的造型元素和贡献率较大的设计特征表示其在产品整体风格中占主导因素，对于产品风格的影响较大，可以作为风格基准进行下一步的设计。

（2）部件的造型因子提取。提取部件造型因子应在分析造型部件特征的基础上，归纳总结各造型元素的设计特征，采用特征线条描述设计元素，这种方法较为依赖设计师的专业水平。在设计研究中则是采用更为系统化的定量研究方法，如形态矩阵。形态矩

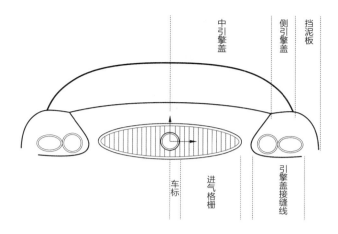

图5-2　汽车前脸造型元素结构

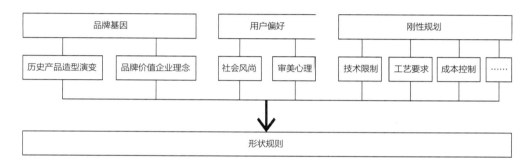

图5-3　形状规则制定原则

阵是将一个产品分解成若干独立的互不干扰的部分，对每个部分单独处理，得到若干个设计特征，最后利用网络模式排列组合以获取最终方案。

2．形状输入

该步骤涉及初始形状的确定、推演规则的制定与设计约束。初始形状通常由权重占比最大的设计特征构成，这些设计特征是品牌在长期发展历史中形成的具有代表性的、较为稳定的形态要素。由于需要兼顾造型创新性，除了来自产品的显性设计特征之外，初始形状的构思也包含设计过程中设计师的灵感。造型设计的创造性在于文法规则阶段，形状规则的制定决定了初始形状的演变走向。规则的描述和创建，体现了设计师对形状分解和重组的理解与创新。规则的制定通常考虑三个方面：品牌基因、用户偏好和工程约束，见图5-3。

（1）品牌基因。对于定位成熟、风格明确的品牌，其产品造型在长时间的发展中已经形成了较为稳定的造型基因，可直接对其造型演变过程进行总结，以形成规则的集合，规则本身是品牌基因的形式化描述，由这类规则生成的设计也将延续品牌风格。

（2）用户偏好。用户审美偏好驱动的规则制定则主要考虑社会风尚和消费者审美心理带来的创新变化。如针对"灵动"这一审美需求，可以通过线条的上扬与曲率的多变来实现。这类规则的制定通常与感性意象研究结合，将用户审美量化为点线面等设计元素的变化，以形成推演规则。

（3）工程约束。规则的制定必须考虑现实条件和工程制造的限制，也需要考虑配合其他规则使设计更为协调统一。工程约束主要考虑产品的技术限制、制造可行性、加工工艺要求、成本控制等方面。

3. 形状文法推演

在形状推演过程中，一种是针对每个造型元素单独进行规则演绎，再对造型元素进行随机整合生成完整的产品造型方案，该过程由设计师自主完成；另一种则是在设计师推演得到完整的造型方案后，再将形状进行参数化编码，通过计算技术进行大量方案的自动生成。前者受到设计师自身影响，方案的数量和设计速度有限，引入数学算法则可以在短时间内生成大量方案，极大提高设计效率。

在应用文法规则时需要注意的是对于相同的初始形状和形状规则，规则执行的顺序不同，最后生成的形状也会有区别。文法规则中的修改性规则对于形状产生的变动程度相比生成性规则不甚显著。对于产品较为主要的特征部位，即品牌遗传基因表达的主要部位，其变动幅度应尽可能小，以保证风格一致性，对于其他部位则可以引入新形状以塑造差异化的造型。

4. 方案筛选评价

形状文法生成的造型并非都能作为成熟的设计方案被采用，还需要对这些方案进行评价筛选。评价标准包括品牌识别度评估和用户审美意象评估等。语义差异评价是最常见的评价方式，通过李克特量表请用户对设计方案进行评分，将用户对设计方案的主观模糊表达转化为具体的风格意象评价值，能较准确地求取符合用户需求的方案。

设计方案的评价是多因素影响的决策过程，为了寻求合理考虑各因素的影响，通常可以采取模糊综合评价法对方案进行评分。设计师对评价指标赋予相应的权重，用户针对各项指标进行方案评分，得到各方案的模糊判断矩阵和综合评判模型，最后根据需要选择最优方案。该方法可以考虑多种因素影响，并根据影响程度进行综合评价，更清晰准确。权重值和评价指标体系的合理确定对于评价结果的客观性有重要影响，当指标数量较多时易存在权重分配不合理的情况。

五、轨道列车头型系列化设计应用案例

下面以轨道列车头型系列化为例进行应用分析。

轨道交通列车头型设计是轨道交通车辆工业设计的重要内容。头型特征构成了轨道交通工具设计风格的基调。轨道交通车辆包括地铁、有轨电车、城际列车、单轨列车、磁悬浮列车等类型，轨道交通车辆的头型由于受到其类型本身的功能结构，减租降耗、气动性能等因素的约束从而具有在大形态、比例等方面的差异。在进行轨道交通车辆头型的系列化设计时应保持其在设计风格上的统一性和独特性，在此要求上运用形状文法设计手段，将各类型车辆共有的显性造型特征作为初始形状，再进行规则性的提取与设计融合，可以塑造具有同类型设计基因的系列头型，形成鲜明的，统一性的头型视觉形象。

确定各类种头型的造型特征是提取各类型列车头型造型特征线的基础，头型特征线的提取以前脸造型的显性造型特征为中心展开，确定前脸造型特征后，经过大量的调研与分析，总结归纳各形态要素的造型特征与搭配方式，建立列车头型形态特征库为形状文法规则的运用提供参考。在造型设计特征分析阶段，着重用特征线来表达列车头型的前脸特征（图5-4），从中提取和划分可代表列车造型前脸特征的线段作为基本的形态元素。将头型的设计要素归纳为：车头纵向特征线、车头引擎盖线、侧窗轮廓线、车头横向特征线、防爬器特征线、车灯轮廓线。表5-2以头型中的车灯部件造型特征解析为例说明。

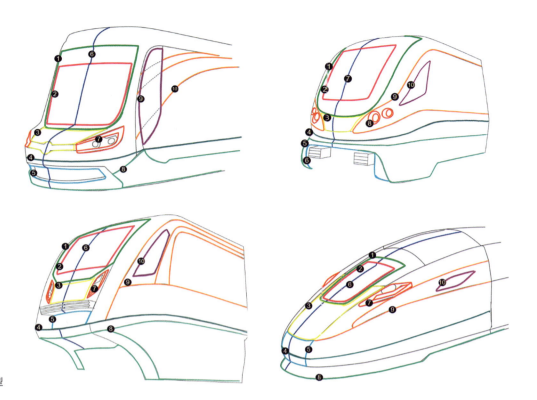

图5-4 四种类型轨道交通车辆头型

表5-2   头型造型特征解析-以车灯为例

分类标准	代码	说明图	示例图
车灯组合方式A	线状灯A1		
	点状灯A2		
	线状灯+点状灯A3		

分类标准	代码	说明图	示例图
车灯形式B	多个独立边界B1		
	单个独立边界B2		
车灯边缘C	有边缘界定C1		
	无边缘界定C2		

  当车辆前脸造型关键形态特征被提炼和划分出后，就可在此基础上进行形状文法规则的制定。利用形状文法来表达形态元素空间关系的变化，可在已有的造型基础上产生大量相关性而又有所区别的形态元素特征。列车前脸造型中一般包括车灯、车头特征线、裙边、侧窗、风挡、防爬器、车头盖板等几个相对重要的结构，依据形状文法规则，结合四种类型列车头型造型特点，对几个主要造型特征制定形状文法规则（表5-3）。在确定初步规则后，可以根据原始形态进行一系列的修改、重组，以产生符合形态结构特征的新的造型形态（图5-5）。

表5-3　　　　　　　　　　　　　　　头型前脸形状文法规则

车头纵向特征线	车头引擎盖	风挡

侧窗	车头横向特征线	防爬器区域

重组形态	有轨电车	地铁	单轨列车	区域列车

图5-5　四种列车头型的形状文法推演

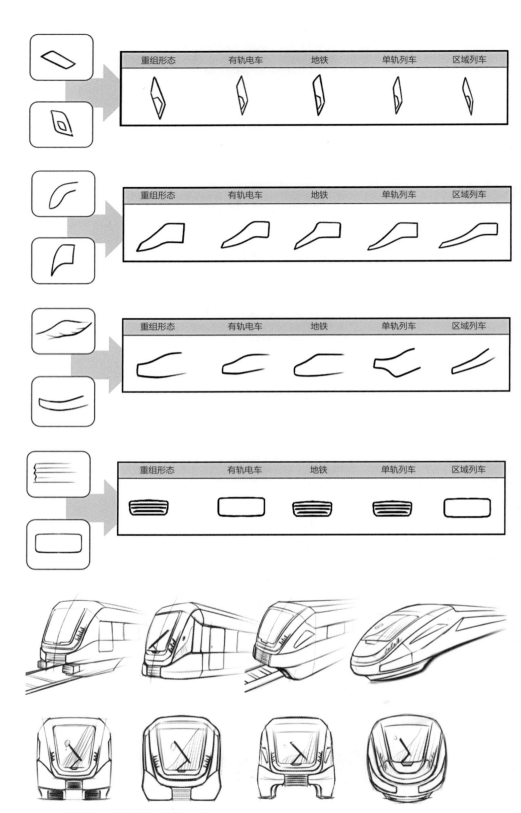

图5-5 四种列车头型的形状文法推演（续）

第二节　图像形变技术及其在汽车造型设计中的应用

一、图像形变技术的概念

　　图像形变技术是指把一幅数字图像以特定的规则变换成另一幅数字图像。图像形变技术在影视特技、教育和娱乐等方面有着广泛的应用，是一种达到特殊视觉效果的有效方法。图像形变技术应用的是图形交叉溶解变形原理，通过将图像不断的设置为不同的透明度，在对特征点的标记的基础上，逐渐将两张图象的特点融合在一起，在源图像向目标图像不断的融合过程中会自动生成一系列的新图像。

二、软件工具简介

　　图像形变技术使用的软件是Abrosoft Fanta Morph5。这款软件的用户界面主要分为三个部分，分别是菜单栏、特征约束区域、图像形变区域。

三、实践应用

　　对于汽车而言，前脸造型汇聚了汽车品牌的主要视觉识别特征，构成了汽车设计风格的基调，是车辆造型的设计着力点。接下来将以重卡前脸作为例子进行实践案例说明。根据图像形变的原理在执行系列化造型推演时需要两张图片，分别是执行图像形变的源图像和目标图像。源图像是现有产品原型既图像形变造型推演的起点，目标图像是设计出的概念车型既图像形变造型推演的终点。

1. 图片的选择与处理

　　图像形变技术中主要难点在于三角形的仿射变换。在图形学中，经常要进行三角形之间的变换操作，即将一个三角形转换到另一个三角形中。三角形是相邻特征点之间连线构成的，三角形的形态决定了特征点的位置。因此在执行形变过程中要对源图像和目标图像的整体轮廓以及相对应的关键特征分别进行形态约束。源图像与目标图像间的特征点对齐对于形变推演的最终效果影响很大，为了得到可以用于设计指导的形变图像，要建立两幅图像之间的位置对应关系，确保源图像中的每一个特征点在目标图像中都能找到并且位置一一对应。

　　首先根据需要挑选出量产车型作为造型推演的源图像，概念车型作为系列化造型推演的目标图像，以上两张图片内车辆的朝向必须一致并且需要较高的分辨率，这样在后续执行图像形变的过程中才能更好的观察车辆在外饰造型细节上的变化。图片选择好后需要对图片进行预处理。首先需要分别对两张图片进行抠图处理，去除原图片背景，并保证车辆要有清晰的外轮廓，车身底部均需要处理为统一的黑色背景。其次将扣除背景的两张车辆前脸图片居中放置在两张尺寸相同的画布上分别合成两张尺寸大小相同的图片。在新合成的两张中两辆车的外轮廓需要尽可能的一一对应，如图5-6所示为合成的两张尺寸相同的图片。以上就完成了图像形变的前期准备工作。

2. 外轮廓及关键特征约束

　　在标定特征的过程中，在源图片一中添加锚点，源图片二中的锚点会自动标定。但是由于量产车型和概念车型之间在造型细节上会有变化，因此源图片二中的锚点位置在软件自动标定完成后需要进行手动调整到合适的位置，如图5-7所示。锚点的添加遵循从内到外，从大到小的原则，即先添加车辆外部轮廓的锚点，然后再逐步添加内部的关键特征锚点，这样做目的是防止内部一些小的细节特征被遗漏，导致形变效果不佳。在一些特征变动较大的部位，需要添加大量的形态约束点以保证形变图形输出结果的准确性，所有锚点添加完成后如图5-8所示。

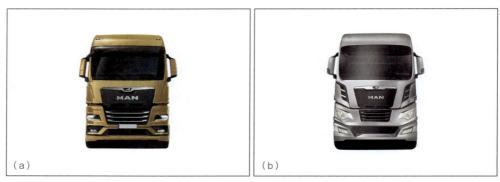

（a）　　　　（b）

图5-6　图片处理

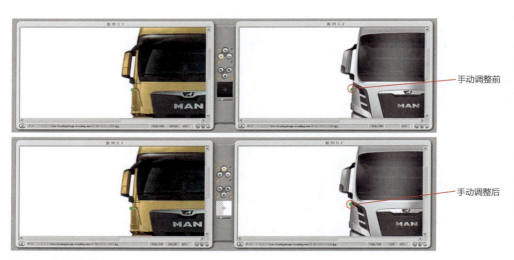

手动调整前

手动调整后

图5-7　手动调整锚点

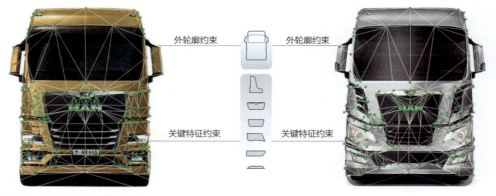

外轮廓约束　外轮廓约束

关键特征约束　关键特征约束

图5-8　外轮廓及关键特征约束

3. 图像形变

外轮廓和关键特征约束完成后点击图5-9中1按键可以预览图像形变动态效果。预览图像形变的目的是观察在源图像1向源图像2的形变过程中，造型细节是否发生图5-10中的扭曲现象。如果发生扭曲现象则说明该位置约特征锚点位置出现错误，需要点击图5-9中的1按键暂停形变，添加、移动源图像1或者2中该区域附近的特征锚点，使其恢复正常。点击图5-10中菜单栏中的"查看"选项将其中"三角形"选项勾选通过各个特征点连线所组成的三角形检验"源图像2"中的特征点标定的是否准确合适，如果三角形发生破裂则说明该三角形中的三个点中某个点的位置存在问题，需要调整位置或者删除。

4. 图像形变输出

图像形变结果输出前需要设置输出帧数即输出图片的数量，点击图5-9中的"3"按键设置帧数如图5-11所示。点击图5-9中的"2"按钮选择输出格式。图片序列格式和动画GIF格式是两种常用格式，前者是将图像形变中的每一帧均转换成一张图片，这种输出格式多用于方案评估，后者是将图像形变过程转换为GIF动画，多用于演示现有车型到概念车型的造型变化，可以给人更直观的感受。在图像序列格式中，倒放帧为重复图片，当选择输出"图片序列格式"时需要将图5-11中"输出格式设置"（图5-12）的"输出倒放帧"勾选取消。图5-13为设置输出帧数为24帧的输出结果，图中的第一个图像和最后一个图像分别是源图像和目标图像，中间的图像为自动生成的形变迭代推演图像，图中2~23为形变过程中的关键帧，关键帧图像描述了造型迭代的全过程，图5-14为其中的一帧。

图5-9　图像形变预览

调整前　　　　　　　　　　　　　　调整后

图5-10　锚点调整

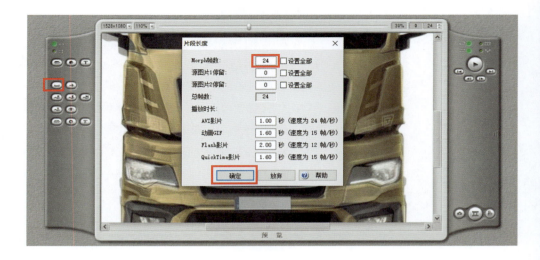

图5-11　输出帧数设置

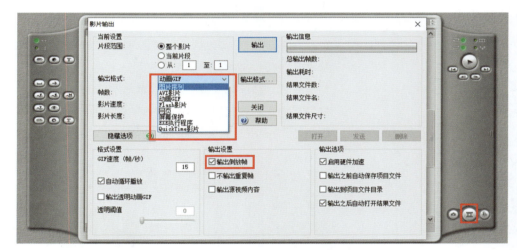

图5-12　输出格式设置

图5-13　静态图像输出结果

图5-14 单一帧展示

四、结语

利用图像形变技术所生成的连续的线性迭代方案，能够为下一代量产车型的造型评估提供连续的可视化方案，能够快速探寻现有车型与下一代量产车型之间的最佳设计融合点，有效解决量产造型和概念造型之间的过渡融合，同时其自动化的图像生成技术可以提高设计方案的产出效率。但是车辆设计是一个复杂的设计过程，文中只以重卡的正面前脸造型一个维度进行举例，进行整车设计时还需要考虑车辆前脸与车身侧围等部分的造型一致性。

第三节 深度学习及其在汽车造型设计中的应用

一、人工智能技术的概念

1. 人工智能的概念

人工智能（Artificial Intelligence，AI）于1956年首次由约翰·麦卡锡（John McCarthy）创造，指使用计算机来构造复杂的、拥有人类智慧同样本质特征的机器。人工智能是一个很大的范畴，随着计算机技术的不断发展，人工智能的研究领域也在不断扩大，下图展示了人工智能研究的各个分支，包括专家系统、机器学习、进化算法等等（图5-15）。

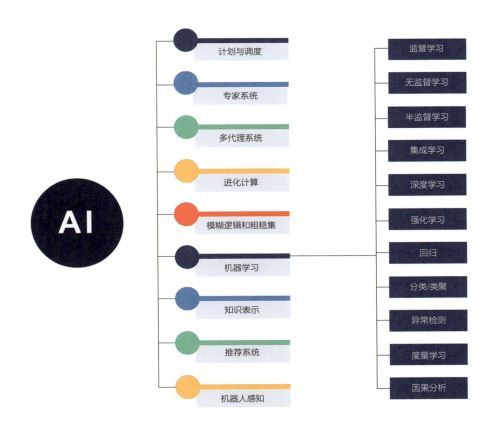

图5-15 人工智能研究分支

2. 机器学习的概念

机器学习（Machine Learning，ML）是一种实现人工智能的方法。亚瑟·塞缪尔（Arthur Samuel）在1959年创造了这个词，将其定义为"无需明确编程即可学习的能力"。机器学习的核心原理是通过算法对数据进行分析和学习，从而能够做出决策和预测真实世界中的事件。与传统的软件程序一次性编码来解决特定任务不同，机器学习通过使用大量的数据来进行"训练"，通过各种算法从数据中学习如何完成任务。机器学习的主要目标是让系统在没有任何人工干预或帮助的情况下通过经验自行学习。

3. 深度学习的概念

深度学习（Deep Learning，DL）是机器学习的众多方法之一，其他方法包括决策树学习、归纳逻辑编程、聚类、强化学习和贝叶斯网络等。深度学习的灵感来自大脑的结构和功能，利用神经网络（类似于我们大脑中工作的神经元）来模仿人类大脑的行为。深度学习是一种复杂的机器学习算法，其在语音和图像识别等领域的成就远远超越了以往的相关技术。最简单的例子：你可以有两组神经元：接收输入信号的神经元和发送输出信号的神经元。当输入层接收到输入时，它将输入的修改版本传递给下一层。在深层网络中，输入和输出层之间有很多层，这些层允许算法使用多个处理层，包含了多个线性和非线性交换。

4. 人工智能VS机器学习VS深度学习：它们之间有什么关系？

简单来说，机器学习是人工智能的一个子领域，神经网络是机器学习的一个子领域，深度学习算法是神经网络概念的进步。表5-4中列出了人工智能、机器学习和深度学习之间的差异。

表5-4　　　　　　　　　人工智能、机器学习、深度学习对比分析

人工智能（AI）	机器学习（ML）	深度学习（DL）
人工智能是使机器能够通过特定算法模仿人类行为的研究	机器学习是一项使用统计方法使机器能够根据经验进行的研究	深度学习是利用神经网络（类似于人脑中存在的神经元）模仿人脑功能的研究
机器学习、深度学习是其中的组成部分	机器学习是人工智能的子集	深度学习是机器学习的子集
人工智能分为三大类别，分别是：狭义人工智能、通用人工智能、超级人工智能	机器学习分为三大类别，分别是：监督学习、无监督学习、强化学习	深度学习主要涉及三类：基于卷积运算的神经网络系统、基于多层神经元的自编码神经网络、深度置信网络
人工智能专注于创造智能机器，这些机器可以执行需要人类智能才能完成的任务，如推理	机器学习专注于开发可以从数据中学习并随着时间的推移提高性能而无须明确编程的算法	深度学习专注于开发可以自动学习和从数据中提取特征的深度神经网络

二、人工智能在汽车造型设计中带来的技术变革

人工智能和设计的结合可以从两个方面理解，分别是"人工智能在分析现有艺术方面""人工智能在创造新艺术的过程"，下面将专注于第二类进行阐述。在汽车造型设计的迭代过程中，技术变革扮演了重要的作用。大致分为两个阶段：计算机辅助设计时代

和近年来蓬勃发展的"智能设计"时代，即人工智能辅助设计时代。

1. 计算机辅助设计时代：从手工作业到数字作业

1962年，法国雷诺汽车的工程师皮埃尔·贝塞尔（PierreBézier）提出了在电脑图形学中极其重要的贝塞尔曲线（Bézier Curve），并在雷诺公司将其用于设计汽车车身。贝塞尔曲线是一种简单、精确、自由的曲线，其易操作性及有理性成为汽车设计中最重要和最根本的技术手段，几乎能够表达所有的汽车特征。贝塞尔曲线的提出使得运用计算机对复杂汽车曲面进行描述与呈现成为可能。

由此，Autodesk Alias、Photo shop等计算机辅助设计软件在汽车行业开始得到广泛应用，这使得汽车设计的流程与方法迅速演进。从实物模型到计算机仿真模型，汽车设计的周期明显缩短，设计的成本也得到高度压缩。汽车设计从以手工作业为基础结合经验设计的阶段进化至以手工混合数字设计手段为基本方法，结合数据辅助设计的计算机辅助设计阶段。

2. 人工智能辅助设计时代：新工具与新的问题

自2011年至今，人工智能技术的不断迭代与演进使得该项技术的应用领域逐渐扩展。以深度神经网络为代表的人工智能技术在图形处理器等计算平台高度进步迭代的推动下，拉进了科学理论与实际应用场景之间的遥远距离。在视觉传达设计领域，也出现了诸如阿里"鲁班"AI等人工智能应用。相比较而言，在汽车设计领域，人工智能介入的时间相对较晚，这与汽车设计本身的复杂性与综合性息息相关。随着人工智能技术的进一步发展，出现了Vizcom等专用于汽车设计的草图渲染类人工智能应用工具，DiscoDiffusion、Dell-E、Midjourney以及Stable Diffusion等图像处理类人工智能工具也被逐步引入汽车设计的领域当中。人工智能设计技术为汽车设计师带来全新的工作流程，极大地提高了设计效率，但同时人工智能带来的职业危机也成为设计界热点话题。在人工智能辅助设计时代，设计师的角色定位、如何围绕人工智能设计工具建立新型设计方法与流程成为亟待解决的问题。

三、人工智能技术的应用现状——AI模型介绍

1. 自然语言生成模型——ChatGPT

ChatGPT是由美国人工智能研究实验室OpenAI开发的一种自然语言处理（NLP）模型。使用GPT语言模型，可以回答你的问题、撰写文稿、将自然语言翻译成代码等等。ChatGPT的一个重要特点是它可以记住与用户的对话。在与用户的交互过程中，ChatGPT会根据用户输入的文本生成一段回复，并根据上下文信息来调整回复的内容。这种技术可以使得ChatGPT的回复更加贴近用户的需求和意图，从而实现更加智能的对话。ChatGPT的发展历史如图5-16所示。

ChatGPT的工作原理是通过深度神经网络来学习自然语言的规律和模式，从而对人类语言进行理解和生成。ChatGPT的文本生成过程包括以下步骤（图5-17）。

2. 图像生成模型——Midjourney

Midjourney是由Midjourney研究实验室开发的人工智能程序，可根据文本生成图像。Midjourney的原理是使用深度学习技术，通过训练大量的图像数据，让AI模型学习到绘画的技巧和规律。在使用Midjourney时，用户可以输入一些简单的指令和关键词，

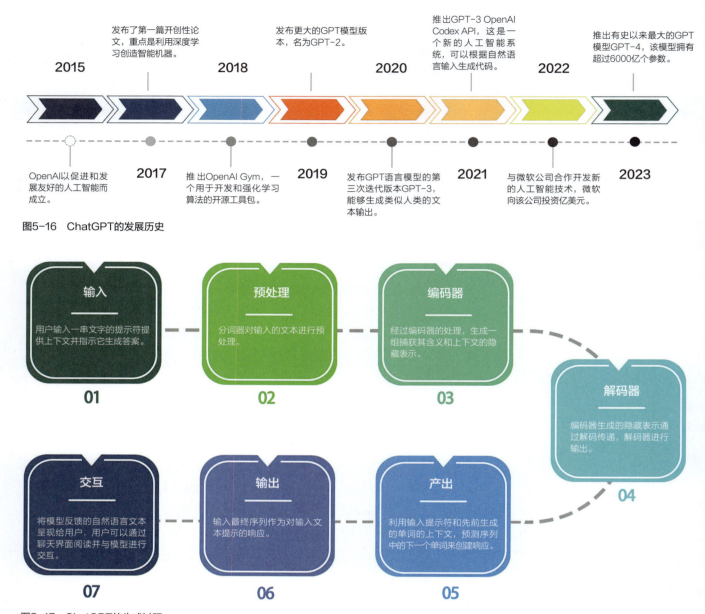

图5-16　ChatGPT的发展历史

2015 发布了第一篇开创性论文，重点是利用深度学习创造智能机器。

2018 发布更大的GPT模型版本，名为GPT-2。

2020 推出GPT-3 OpenAI Codex API，这是一个新的人工智能系统，可以根据自然语言输入生成代码。

2022 推出有史以来最大的GPT模型GPT-4，该模型拥有超过6000亿个参数。

OpenAI以促进和发展友好的人工智能而成立。

2017

推出OpenAI Gym，一个用于开发和强化学习算法的开源工具包。

2019 发布GPT语言模型的第三次迭代版本GPT-3，能够生成类似人类的文本输出。

2021

与微软公司合作开发新的人工智能技术，微软向该公司投资亿美元。

2023

01 输入 用户输入一串文字的提示符提供上下文并指示它生成答案。

02 预处理 分词器对输入的文本进行预处理。

03 编码器 经过编码器的处理，生成一组捕获其含义和上下文的隐藏表示。

04 解码器 编码器生成的隐藏表示通过解码传递，解码器进行输出。

07 交互 将模型反馈的自然语言文本呈现给用户，用户可以通过聊天界面阅读并与模型进行交互。

06 输出 输入最终序列作为对输入文本提示的响应。

05 产出 利用输入提示符和先前生成的单词的上下文，预测序列中的下一个单词来创建响应。

图5-17　ChatGPT的生成过程

然后AI会自动生成一张图像，该图像可以是具有一定艺术效果的绘画作品、插图或者是设计图稿等。

　　Midjourney使用了一种称为"生成对抗网络"（Generative Adversarial Networks，GAN）的深度学习模型。该模型由两个神经网络组成：生成器和判别器。生成器负责生成图像，而判别器则负责判断生成器所生成的图像是否为真实图像。在训练过程中，生成器不断生成图像，并将生成的图像传递给判别器进行判断。判别器会判断图像的真实程度，并将结果反馈给生成器。通过反复地迭代训练，生成器逐渐提高生成图像的真实程度，从而生成出更加逼真的图像。在使用Midjourney时，用户可以通过输入不同的指令和关键词，来调整生成器的参数，从而生成不同风格的绘画作品。Midjourney生成图片的步骤通常包括以下几个阶段（图5-18）。

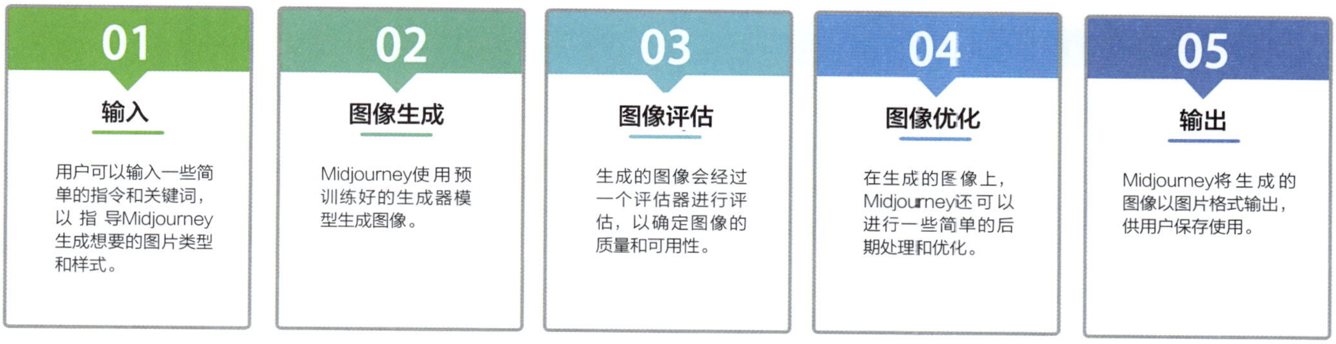

01	02	03	04	05
输入	**图像生成**	**图像评估**	**图像优化**	**输出**
用户可以输入一些简单的指令和关键词，以指导Midjourney生成想要的图片类型和样式。	Midjourney使用预训练好的生成器模型生成图像。	生成的图像会经过一个评估器进行评估，以确定图像的质量和可用性。	在生成的图像上，Midjourney还可以进行一些简单的后期处理和优化。	Midjourney将生成的图像以图片格式输出，供用户保存使用。

图5-18 Midjourney生成图片的步骤

3. 图像生成模型——Stable Diffusion

Stable Diffusion，是一个2022年发布的文本到图像潜在扩散模型，由CompVis、Stability和LAION的研究人员创建。Stable Diffusion作为Diffusion改进版本，通过引入隐向量空间来解决Diffusion速度瓶颈，除了可专门用于文生图任务，还可以用于图生图、特定角色刻画，甚至是超分或者上色任务。Stable Diffusion有开源的预训练模型，可以在用户自己的机器上运行。

四、人工智能技术的应用案例

1. 基于深度学习的品牌家族化造型DNA评价

生物基因（DNA）是决定生物性状的基本遗传单位，不同基因导致了物种之间的多样性。随着仿生设计的发展，生物基因的概念被引入设计学领域，逐渐形成了以造型语言和特征元素为基础的产品家族化造型基因特征的设计理念。通过这一理念，设计师可以从造型风格的角度来理解和识别不同品牌之间的差异和特征，尤其在汽车品牌的造型设计领域，这一概念已经得到广泛认可。

在设计学领域，对汽车品牌造型基因特征的研究主要有形态分析法和形状文法。这些方法要求设计师凭借领域知识进行人工的归纳和提取，而经验直接影响基因特征提取结果的准确性。然而，这种人工方法耗时且繁琐，需要大量的时间和人力投入。特别是在需要分析大量车型的情况下，人工方法无法快速而有效地完成任务。因此，亟需一种智能化、自动化的方法来实现对造型DNA的分析和提取，以减少人工介入并支持处理海量数据，从而提升当前汽车品牌家族化造型基因分析技术的水平。

（1）案例研究思路。研究思路如图5-19所示。首先，通过创建两个类别的汽车前视图感兴趣区域（Region of Interest，ROI）造型数据库，分别包括有车标和无车标的样本数据流作为训练库。然后，选择ResNet-8深度分类器作为品牌特征识别算法，以实现对各个品牌家族化造型特征的自动识别分析。基于数据分析结果，借助类别激活映射（Class Activation Mapping，CAM）方法，实现对各品牌家族化造型的多级特征进行可视化分析。同时，利用混淆矩阵热图，清晰展现品牌之间的相似关联性。最终，得到了一张平面类间距示意图，用于识别和分析各个品牌车型之间的相似度。

（2）数据库构建与分类工具。案例采用深度学习理论，选取ResNet（Residual Network）残差网络作为本次研究的分类工具，以ResNet-18作为基准架构。

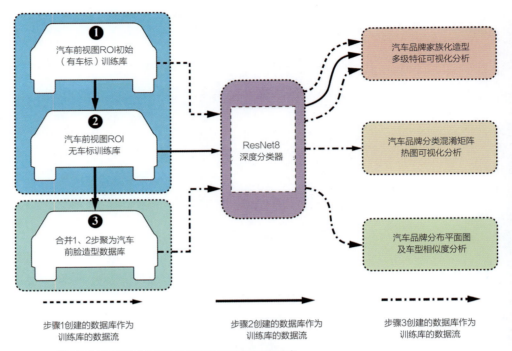

汽车前视图ROI初始
（有车标）训练库

❶

汽车前视图ROI
无车标训练库

❷

合并1、2步聚为汽车
前脸造型数据库

❸

ResNet8
深度分类器

汽车品牌家族化造型
多级特征可视化分析

汽车品牌分类混淆矩阵
热图可视化分析

汽车品牌分布平面图
及车型相似度分析

步骤1创建的数据库作为
训练库的数据流

步骤2创建的数据库作为
训练库的数据流

步骤3创建的数据库作为
训练库的数据流

图5-19　基于深度学习的汽车品牌家族化造型特征识别研究思路

　　在构建汽车品牌前脸造型数据库方面，案例收集和整理了6514张不同品牌和车型的汽车前脸图像。这些图像涵盖了22个汽车品牌，每个品牌至少包含150张图像。而后，对这些图像进行逐一处理，只保留识别区域，并将汽车车身与背景信息分离。背景色被设置为白色，同时统一了图像尺寸，按照高宽比2：5进行调整。为进行标记和分类，根据品牌对图像进行了注释。最终，将数据集划分为60%的训练集、20%的校验集和20%的测试集。经过对图像数据库的仔细检查，发现车标是各个汽车品牌最具有识别性和独特性的元素。然而，车标并不属于汽车前脸造型特征的范畴，因此需要单独处理。为了确保后续的分类和识别过程不受车标的干扰，决定统一移除车标，并根据周围细节进行相应的填充，以生成一组无车标的汽车前脸品牌分类数据集。案例的汽车品牌前脸造型分析数据库包含两个部分：有车标图像数据集和无车标图像数据集。

　　（3）品牌造型DNA多级可视化识别解析分析。针对各品牌特征识别数据结果，采用类别激活映射CAM方法对品牌前脸家族化造型进行可视化析。获得CAM热度图，CAM热度图将影响分类识别的显著特征区域做高亮显示，从而使用户能够直观地感知分类依据选取奥迪、宝马、雷克萨斯、大众四个品牌为例展示对应品牌在不同训练集下的CAM热度图，包括品牌多级特征识别过程的可视化分析，以及有车标和无车标两类数据下的品牌特征识别结果对比。

　　品牌多级特征可视化识别解析分析如图5-20～图5-23所示，针对奥迪、宝马、雷克萨斯和大众进行多级特征的可视化分析，并跟踪各级网络结构下的显著征，以判断该特征是否在识别过程中贯穿始终，可称为该品牌家族化造型基因。案例将识别层次分为S1-S7层7个层级，为更加直观明显的观察结果，对各层级数据图像进行叠加平均处理。

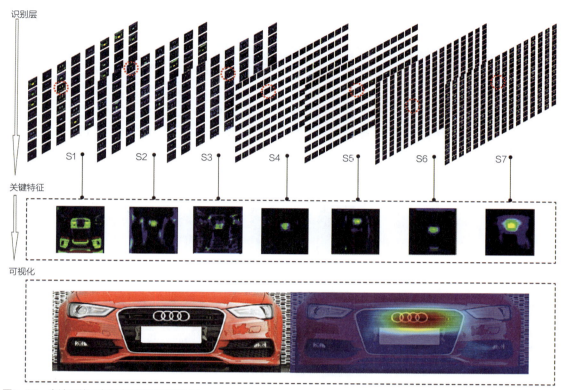

图5-20　奥迪品牌无车标多级特征识别分析

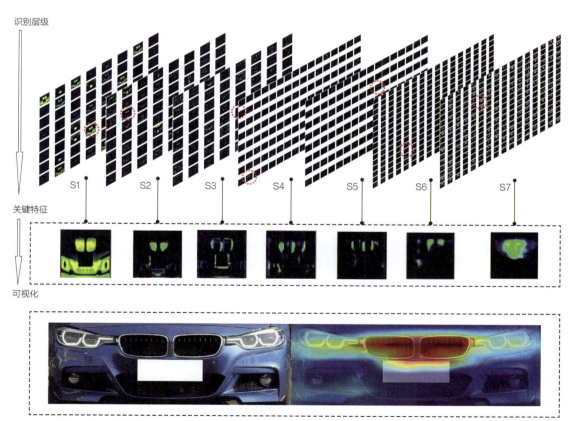

图5-21　宝马品牌无车标多级特征识别分析

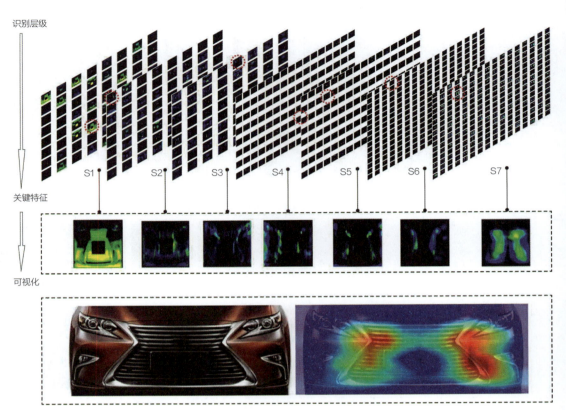

图5-22　雷克萨斯品牌无车标多级特征识别分析

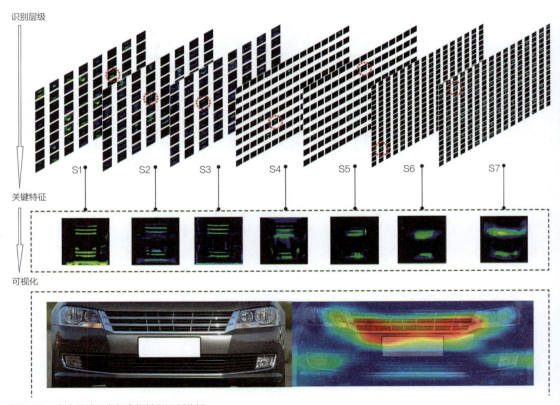

图5-23　大众品牌无车标多级特征识别分析

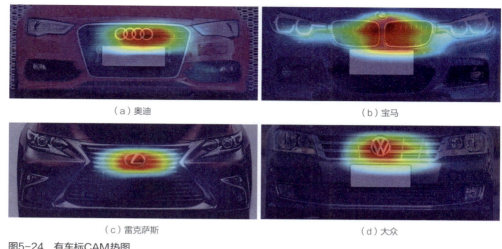

（a）奥迪　　　　　　　　　　　　　　　　　（b）宝马

（c）雷克萨斯　　　　　　　　　　　　　　　　（d）大众

图5-24　有车标CAM热图

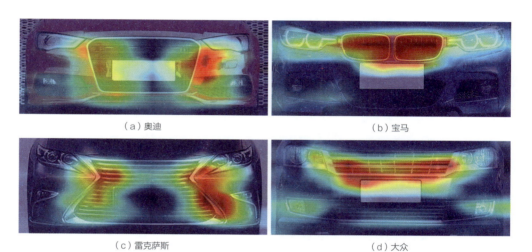

（a）奥迪　　　　　　　　　　　　　　　　　（b）宝马

（c）雷克萨斯　　　　　　　　　　　　　　　　（d）大众

图5-25　无车标CAM热图

在有车标的数据库中，据图5-24所示，可以看到四个品牌的特征识别最终结果均集中在车辆的车标区域，说明车标是汽车品牌识别中最为显著的特征元素。

根据图5-25所示的无车标数据库，可以观察到各品牌的特征识别热点存在明显差异。具体而言，奥迪品牌的特征DNA体现在纵向宽大的进气格栅，宝马品牌的特征DNA则展现为并列的两个进气格栅区域，雷克萨斯品牌的特征DNA体现在带有尖角的进气格栅，而大众品牌的特征DNA则表现为左右贯通平直的进气格栅区域。这些特征的显著性可视化结果与设计师对各品牌造型DNA的语义描述相吻合。例如，奥迪汽车以其梯形的"大嘴"进气格栅作为特征，宝马品牌则以其标志性的"双肾型"进气格栅作为特征，雷克萨斯则通过其独特的"X型"进气格栅体现其品牌特征，而大众则通过前大灯与进气格栅的一体化设计特征展示其品牌特色。因此，可视化结果与设计师对各品牌造型DNA的语义描述相一致，这进一步验证了所提出的品牌特征识别方法的有效性。

（4）各品牌家族化造型DNA分类结果分析。基于上述品牌特征识别的数据结果，案例使用分类混淆矩阵（Confusion Matrix）来分析品牌之间的相似关联性，如图5-26

所示。在该图中，红色表示强关联，蓝色表示无关联，而浅蓝色则表示两个品牌之间具有一定的关联性，即它们的车型特征存在相似性。从图中可以观察到，奥迪、宝马等品牌之间没有任何特征关联性，因此可以达到100%的分类准确率。这说明这些品牌具有明显的品牌DNA识别特征。与之相比，现代和比亚迪品牌的分类准确率较低，分别为82.61%和89.65%。其他大多数品牌则实现了96%以上的准确率。从图中可以观察到，奥迪、宝马等品牌之间没有任何特征关联性，因此可以达到100%的分类准确率。这说明这些品牌具有明显的品牌DNA识别特征。与之相比，现代和比亚迪品牌的分类准确率较低，分别为82.61%和89.65%。其他大多数品牌则实现了96%以上的准确率。

　　案例依次对各个汽车品牌的前脸造型数据库进行特征提取，并利用t-SNE方法对品牌特征识别的输出结果进行可视化展示（图5-27）。在可视化图中，不同颜色代表不同的汽车品牌，它们聚集成簇的形式。大多数品牌如奥迪、宝马、奔驰、大众等展现出明显的车型家族集群化特征，簇之间的距离较远，显示出品牌的高度一致性和独特的品牌

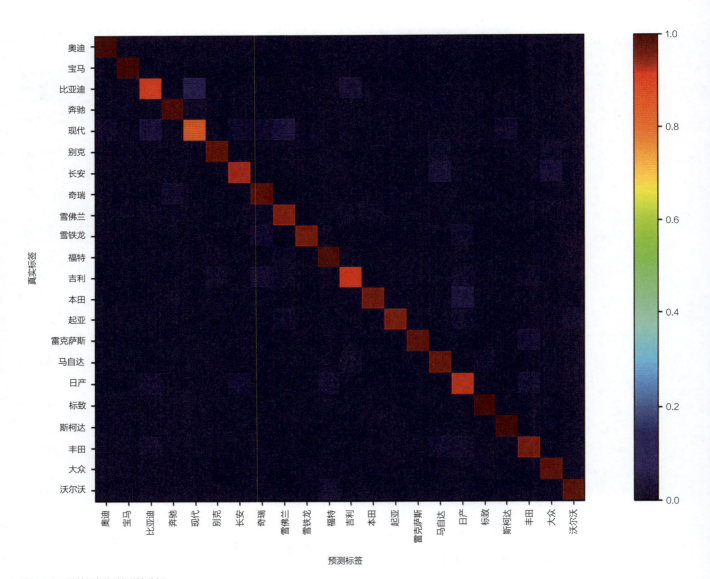

图5-26　品牌间相似关联性分析

110

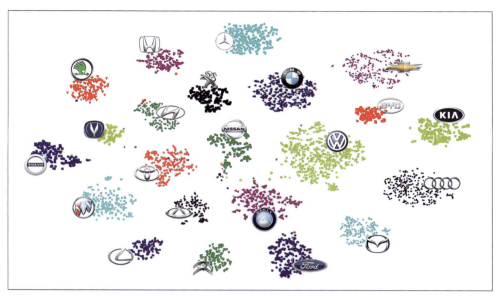

图5-27　品牌家族化分类可视化

风格。然而，少数车型可能会混合在其他品牌的簇中，说明这些车型的造型特征与其他品牌的车型存在相似性，与其原有的品牌家族化特征有所偏离。这种品牌分布情况对于设计师在评估车辆造型特征的品牌归属度时提供了决策参考。可度量的簇间距离为品牌造型基因特征的审查提供了具体的量化评估依据。通过这种可视化分析，设计师可以更准确地评估和审查车辆造型特征与品牌风格的一致性，从而在设计过程中做出更有针对性的决策。

2. 基于深度学习的汽车轮毂造型风格智能分析方法

轮毂是汽车造型的重要组成部分，对汽车外造型的整体风格形象起着重要作用。随着个性化汽车改装的迅猛发展，轮毂作为重要的改装件，其造型风格特征是否能与汽车整体风格搭配也成为用户关注的重点。当前设计学对汽车轮毂造型风格特征的分析过分依赖于人工专家经验，耗时而繁琐，且面对不断增多的海量轮毂数据，人工无法胜任，因此亟需一种智能化的汽车轮毂造型风格分析方法。

案例创建的汽车造型轮毂数据集包括10740张图片，分别标注对应三组意象类型的标签，按照7∶3拆分为训练集、验证集。ResNet50作为特征提取网络训练造型风格分类模型。研究框架如图5-28所示，研究流程如下。

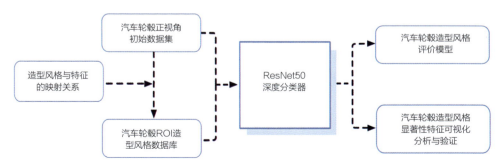

图5-28　基于深度学习的轮毂造型风格意象识别研究框架

（1）收集汽车轮毂正视角图片，构建样本库。通过互联网平台，搜集并整理市场上不同轮毂样本5862个作为样本库，基于形状文法进行抽取，解构为以下因素：自旋方向（a）、轮辐数量（b）、轮辐线条（c）、分叉类型（d）、镂空面积比（e），其中镂空面积比指的是轮毂镂空面积与轮毂正投影的面积之比（表5-5）。

表5-5 轮毂造型特征编码

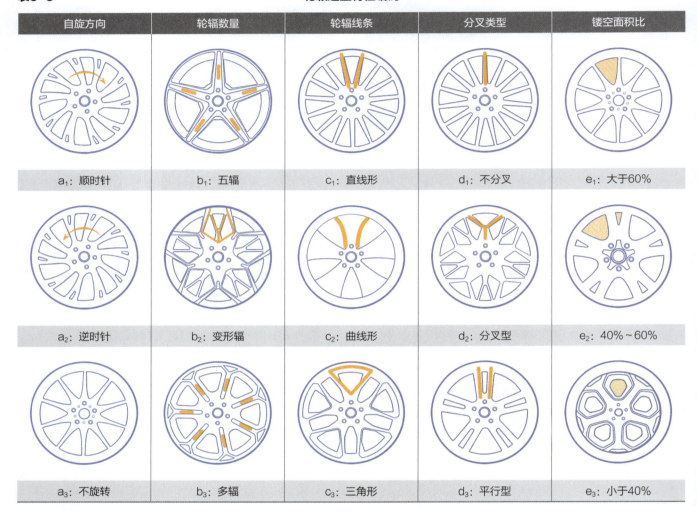

自旋方向	轮辐数量	轮辐线条	分叉类型	镂空面积比
a_1：顺时针	b_1：五辐	c_1：直线形	d_1：不分叉	e_1：大于60%
a_2：逆时针	b_2：变形辐	c_2：曲线形	d_2：分叉型	e_2：40%~60%
a_3：不旋转	b_3：多辐	c_3：三角形	d_3：平行型	e_3：小于40%

（2）构建汽车轮毂造型风格语义资料库。将关于轮毂造型风格的用户描述和文献进行整理，形成汽车轮毂风格语义资料库，根据资料库中感性语义词汇出现的频率，确定三个维度的意象表达，分别为D1：动感（运动-稳重），D2：视觉质感（柔和-硬朗），D3：设计感（华丽-简约）。关键词各代表一种造型意象，均不具贬义语义。

（3）构建轮毂造型风格与特征的映射关系。随机抽取550张轮毂样本，咨询了78位相关行业者，采用5点语义差异法来对轮毂样本进行用户评价调研，回收问卷并进行交叉分析和回归分析，结合互联网评价数据，将调查对象对于产品的感觉转化为感性评价数据，通过定量分析得到轮毂造型特征对被试对象直观感觉的影响。轮毂造型风格与特征之间的映射关系，如表5-6所示。

表5-6　　　　　　　　　　　　　　轮毂造型风格与特征的映射

类型	造型代码	造型特征
运动感	b_3、d_2、a_1、a_2、e_1	多辐、分叉、旋转、高镂空比
稳重感	b_1、a_3、e_3	五辐、不旋转、低镂空比
柔和感	c_2	曲线形轮辐单元
硬朗感	c_3、d_2	三角形轮辐单元、分叉
华丽感	b_3、b_2、d_2、a_1、a_2	多辐、变形辐、分叉、旋转
简约感	b_1、a_3	五辐、不旋转

（4）对汽车轮毂正视角图片进行图像预处理。轮毂图片样本的可靠性及数据的规模性是影响评价模型性能的关键因素。为保证实验聚焦于轮毂造型，减少部分样本图片的噪声，采用图像分割技术抽取图片特征，并将背景进行纯色填充，强调轮毂造型目标特征区域（图5-29）。

（5）对汽车轮毂正视角图片进行图像样本增强处理。为提高模型的泛化能力，将汽车轮毂造型数据集采用旋转、镜像、色彩调整等方法进行数据增强，最终得到汽车轮毂造型数据集共计10740张图片样本，样本增强处理如图5-30所示。

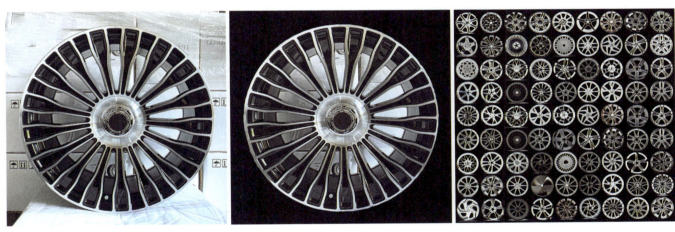

图5-29　图像预处理

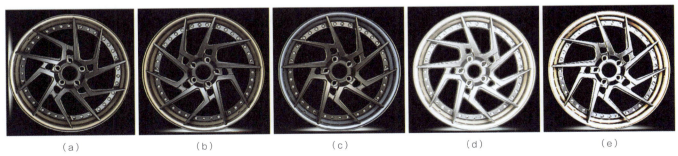

图5-30　图像样本增强处理示例
（a）旋转；（b）镜像；（c）色相；（d）明度；（e）对比度

（6）图像标注。基于轮毂造型与意象特征映射的研究结果，通过专家审查对所有轮毂图像使用三个维度注释，采用以下三对意象关键词：运动（Sportive）与稳重（Modest）、柔和（Velvety）与硬朗（Tough）、华丽（Luxuriant）与简约（Concise）分别对图像进行标注，创建汽车轮毂感兴趣区域（Region of Interest，ROI）造型风格评价模型。各轮毂造型风格语义图片数量如表5-7所示。

表5-7 各分类图片数量 （单位：张）

运动感	稳重感	柔和感	硬朗感	华丽感	简约感
5134	5606	4865	5875	5324	5416

（7）构建基于深度残差网络ResNet的汽车轮毂分类模型。深度残差神经网络（ResNet）在网络层数深时使用残差神经网络可以有更强的学习能力和精度。由于ResNet网络其独特的网络结构在解决梯度弥散现象方面有较好的效果，因此采用残差神经网络进行汽车轮毂风格评价模型的学习。ResNet50代表该网络的卷积层和全连接层的总数为50。实验ResNet50深度分类器作为风格特征识别算法，生成汽车轮毂造型风格评价模型，实现汽车轮毂造型风格特征的自动识别分析。

（8）数据分析结果。随机挑选三款轮毂外观图片，借助CAM方法定位轮毂造型风格的外观显著性特征可视化，并与专家测评结果对比。表5-8将设计角度评价可视化结果与模型可视化输出结果进行对比，结果显示，模型显著性特征结果与主观角度的设计显著性特征结果在风格语义预测结果上高度重合，模型效果较好。

表5-8 轮毂显著性特征可视化

模型显著性	模型结果	专家结果	设计显著性
	稳重感：92.18% 硬朗感：59.36% 简约感：21.47%	稳重：93.23% 硬朗：82.36% 简约：67.64%	
	柔软感：82.69% 运动感：67.32% 简约感：30.86%	柔和：89.25% 运动：73.27% 简约：51.33%	
	华丽感：95.72% 运动感：55.34% 硬朗感：26.82%	华丽：95.49% 运动：85.63% 硬朗：63.31%	

3. AI专项轮毂训练模型——奥迪

每年新车型的推出都会带有新设计的汽车轮毂，其汽车轮毂设计多种多样（图5-31）。这就要求设计师寻找新的想法和灵感，但在设计汽车轮毂时，去哪里寻找未开发的灵感来源呢？这就是奥迪设计部门利用人工智能技术提高工作效率的来源。

应用人工智能技术设计汽车轮毂已被应用在实践中。奥迪开始使用人工智能技术设计汽车轮毂，这项内部技术被称为FelGAN，是奥迪IT和设计部门合作开发的产品（图5-32）。"FelGAN"这个名字是德语单词"rim"（Felge）和"GAN"的混合体，后者是生成对抗网络的首字母缩写词。GAN是一种特殊形式的自学习计算机程序，其中两种算法在所谓的训练期间作为对手竞争，在彼此竞争中变得越来越好。FelGAN的工作方式是快速提出大量逼真的设计本身，或者以有针对性的方式重新组合现有设计。FelGAN旨在为设计师开辟新的灵感来源，设计师可以使用FelGAN中的单个元素，将它们提炼成和谐的整体设计。换句话说，技术增强了他们思维的过程。FelGAN的另一个好处是，该软件为人工智能所做的每个设计分配了一个数学值。开发人员将这些值称为"DNA"，可以随时使用这些值来复制设计。但这还不是全部：奥迪设计师还可以为程序提供他们自己的设计和照片，将它们添加到虚拟实验界面。这是基于特殊算法来确定设计师输入的图像的适当DNA值。

奥迪机器学习和数据科学负责人托马斯·克斯佩尔（Thomas Knispel）："在现代，数据为公司及其员工带来了巨大的附加值。奥迪一直致力于成为一家数据驱动型公司的目标。为此，我们将在许多部门使用人工智能。因此，我们的数据团队一直在寻找新技术。"未来，FelGAN背后的技术可以扩展成一个全面的人工智能设计平台，也可以作为奥迪其他部门设计师的灵感来源。此外，目前正在开发一个人工智能评级系统，其中将评估FelGAN生成的每个轮辋的碳平衡。因此，FelGAN是奥迪在成为一家数字化、数据驱动型公司的道路上迈出的一步。

图5-31　设计师设计汽车轮毂

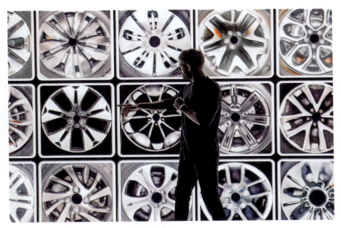

图5-32　FelGAN——AI遇上设计

课后思考

（1）简述形状文法、深度学习在汽车品牌家族化造型设计分析中的不同特点。

（2）AI生成式设计工具的出现，如何重新定义设计师在未来的角色。

第六章

汽车概念造型设计
大赛案例解析

教学内容： 1. 汽车概念造型比赛案例分析

2. 汽车概念造型设计比赛表现方法

教学目标： 1. 了解汽车概念造型设计的灵感来源

2. 掌握汽车概念造型设计比赛思路

3. 熟悉汽车概念造型设计比赛的表现方式

授课方式： 多媒体教学、理论与设计案例相结合

建议学时： 12～18学时

"折扇"设计

设计者：李淏熙、张树叶

民族的即是世界的。该设计从中国传统物件"折扇"的形制中汲取灵感，借鉴折扇的开合与伸缩结构，实现汽车姿态和内部空间状态的改变。其层层打开的形态，与飞鸟的翅膀异曲同工（图6-1、图6-2）。

图6-1 折扇设计（一）

118

折扇

扇折

我们模仿了当代中国风扇的形式和展开方式。
我们认为运输的趋势是个性化和环保化。

开
关

图6-2 折扇设计（二）

农业采茶机设计

设计者：张艺馨、李阳

  图像视觉技术的应用是智能农业装备设计的发展方向。与传统采茶机不同，该采茶系统主要由执行机构、收集箱、抽吸系统和小型无人机组成。无人机负责增强机器视觉，门架式跨陇机体配合两侧展开的机械臂使机具可同时采摘三陇茶叶，采下的茶叶通过抽吸系统储存在收集箱内（图6-3、图6-4）。

图6-3 农业采茶机设计（一）

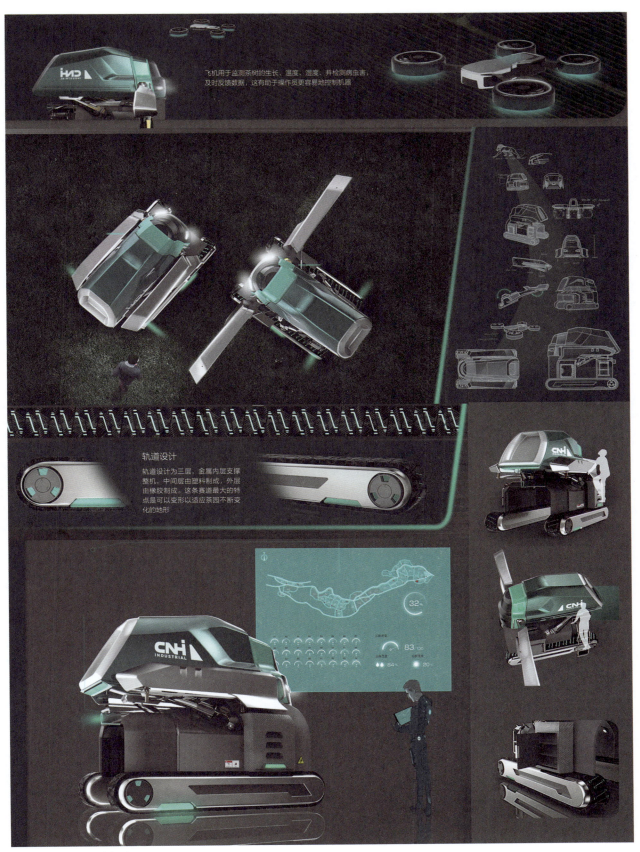

飞机用于监测茶树的生长、温度、湿度、并检测病虫害，及时反馈数据，这有助于操作员更容易地控制机器

轨道设计

轨道设计为三层，金属内层支撑整机，中间层由塑料制成，外层由橡胶制成。这条赛道最大的特点是可以变形以适应茶园不断变化的地形

图6-4 农业采茶机设计（二）

警用安检车

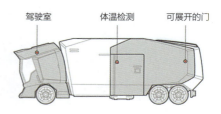

驾驶室　体温检测　可展开的门

行李检查

设计：章晋兰

针对安全检测中，搭建检测设施工作量大、耗时费力等问题，SECURE-E7移动安全检测车集成了道路封锁、搭建关卡、检测排查等功能，可快速机动地在公路或大型集会现场设置关卡安检点，有效提高安检效率、维护城市安全（图6-5、图6-6）。

▼ 传统安检会造成道路堵塞，且耗费人力物力。

图6-5　警用安检车设计（一）

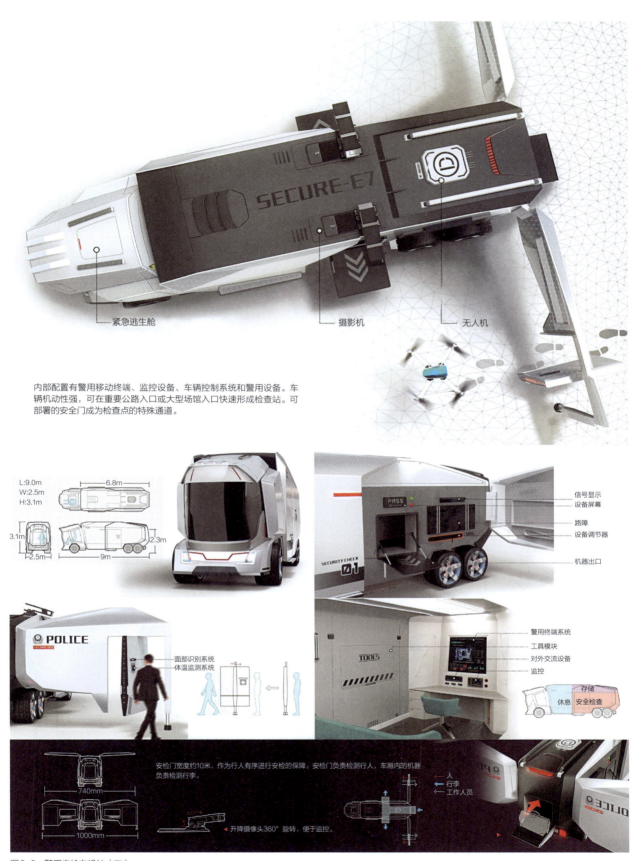

紧急逃生舱　　　　　　　　　摄影机　　　　　　无人机

内部配置有警用移动终端、监控设备、车辆控制系统和警用设备。车辆机动性强，可在重要公路入口或大型场馆入口快速形成检查站。可部署的安全门成为检查点的特殊通道。

L:9.0m
W:2.5m
H:3.1m

3.1m　　　　　　　　　　2.3m
2.5m　　　　9m

信号显示
设备屏幕
路障
设备调节器

机器出口

POLICE

面部识别系统
体温监测系统

警用终端系统
工具模块
对外交流设备
监控

存储
休息　安全检查

安检门宽度约10米，作为行人有序进行安检的保障。安检门负责检测行人，车厢内的机器负责检测行李。

740mm

1000mm

入
行李
工作人员

升降摄像头360°旋转，便于监控。

图6-6　警用安检车设计（二）

流动医疗救护车设计

设计者：田志菲

针对灾后救援问题，该设计提供了一种新型救援系统，将空中救援与陆地救援相结合，便于运送第一批救援物资并及时发现和转移危重伤员。车辆抵达灾区后还可迅速展开，形成临时医院，提高救援效率（图6-7～图6-9）。

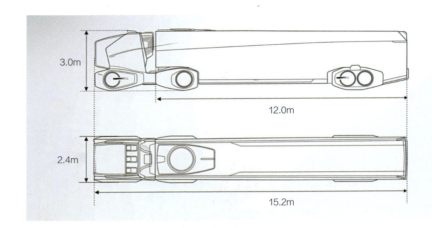

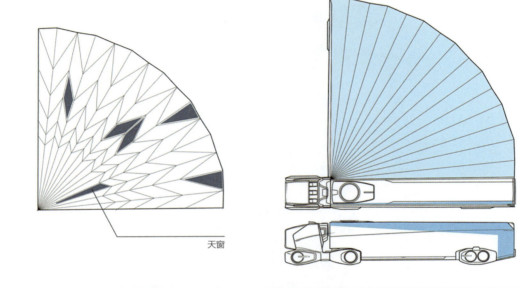

天窗

图6-7　流动医疗救护车设计（一）

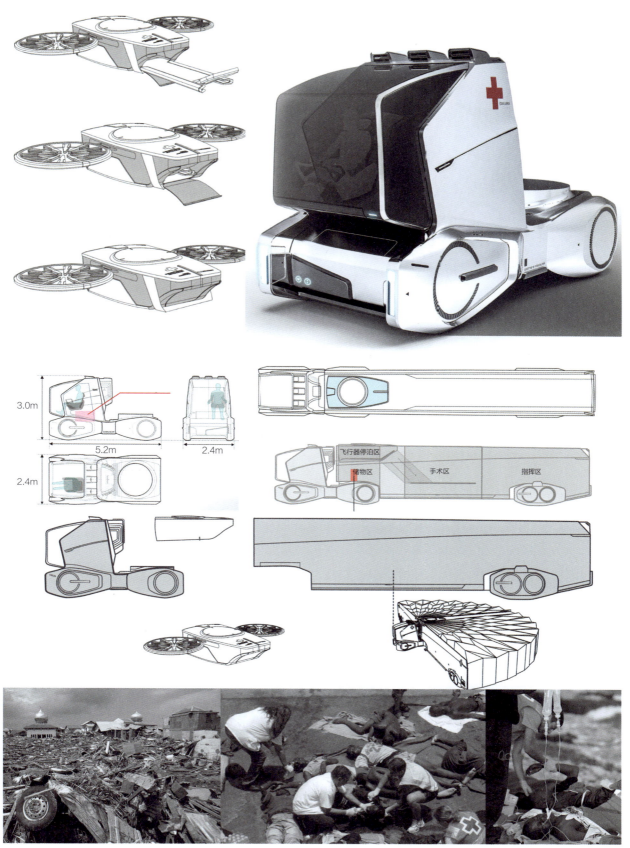

飞行器停泊区
储物区
手术区
指挥区

图6-8 流动医疗救护车设计（二）

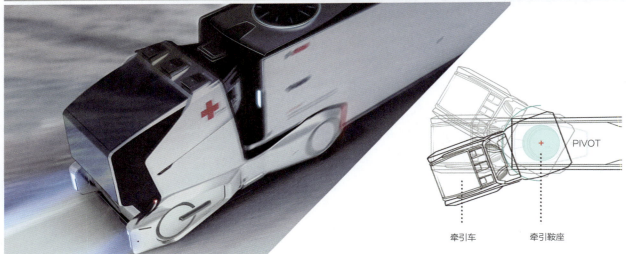

牵引车 牵引鞍座

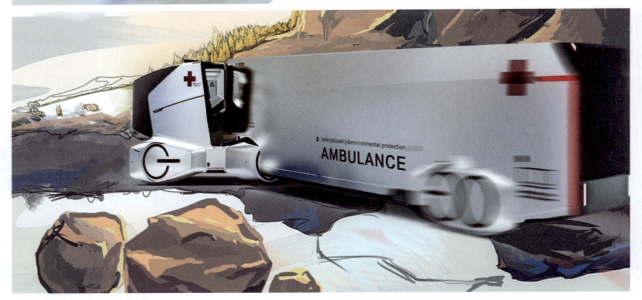

图6-9 流动医疗救护车设计（三）

移动医疗救护站设计

设计者：刘鉴辉、章晋兰

该救护系统由共享动力底盘、医疗舱和救援飞机组成。在没有救援任务时，系统可充当区域医疗站，共享动力底盘可用于其他用途，以此降低救护车的使用和制造成本（图6-10～图6-12）。

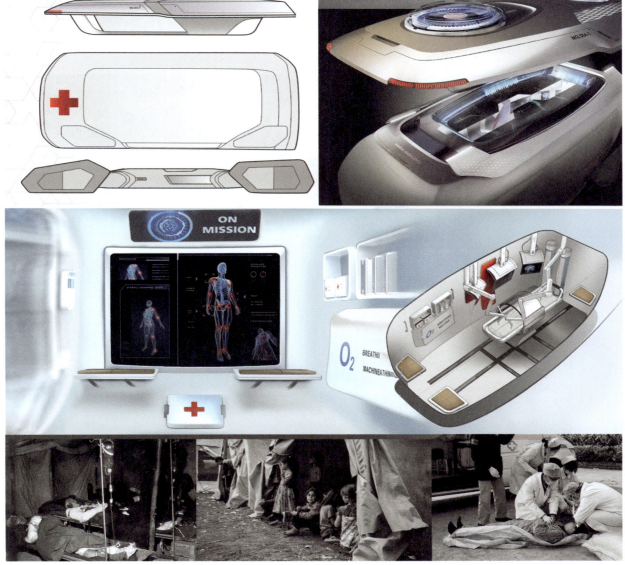

图6-10 移动医疗救护站设计（一）

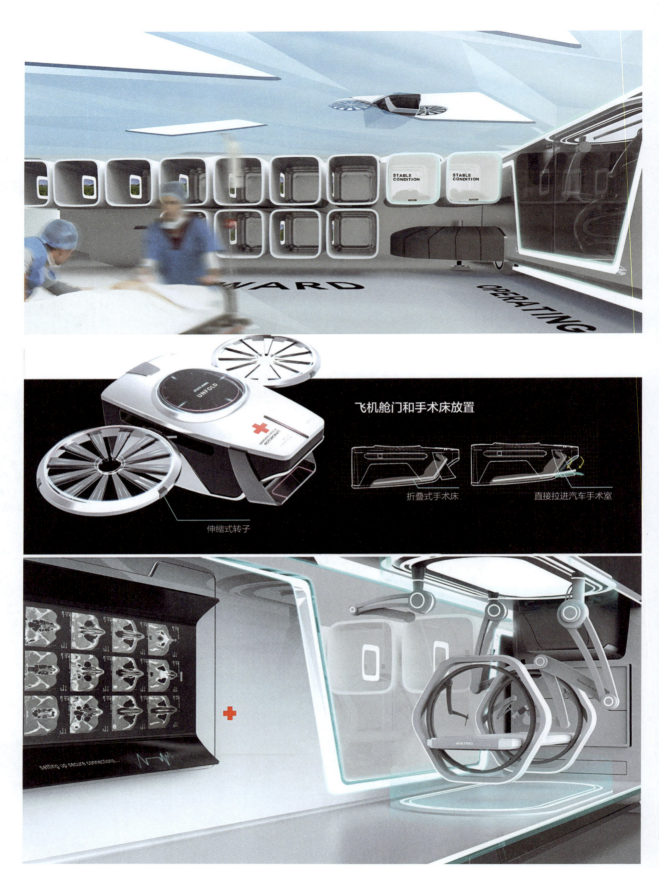

飞机舱门和手术床放置

折叠式手术床 　　　　　　　　直接拉进汽车手术室

伸缩式转子

图6-11　移动医疗救护站设计（二）

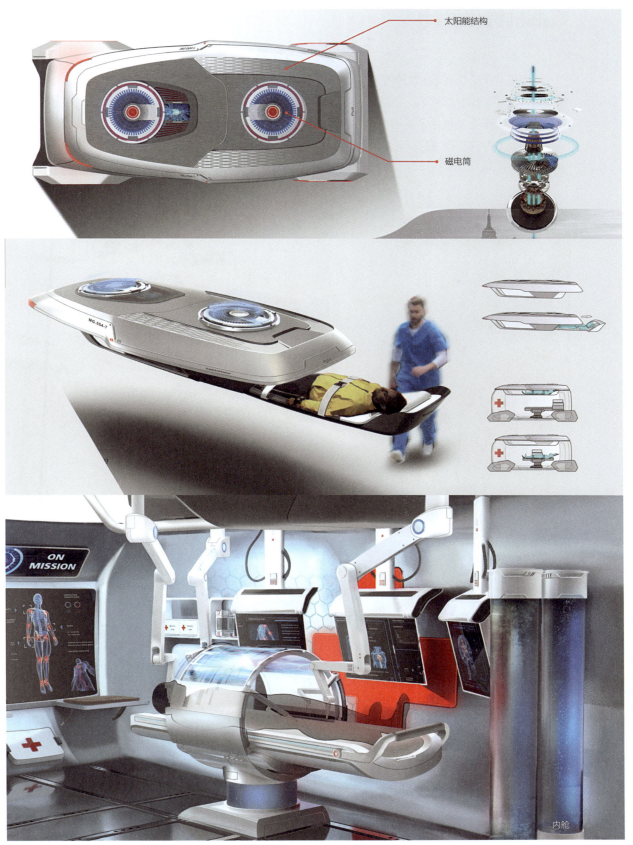

太阳能结构

磁电筒

ON MISSION

内舱

图6-12 移动医疗救护站设计（三）

打捆机优化设计

设计者：刘鉴辉

环境可持续是智慧农业发展的核心理念之一。该设计将处理秸秆所涉及的收割、打包、运输等功能进行整合创新，实现了秸秆的切割、捆扎、采摘、装载、运输一体化作业，大大提高了秸秆回收的作业效率、降低使用成本，有助于在发展中国家推广使用，同时机具还配备了智能识别和数据监控，帮助发展中国家实现"智慧农业"转型（图6-13、图6-14）。

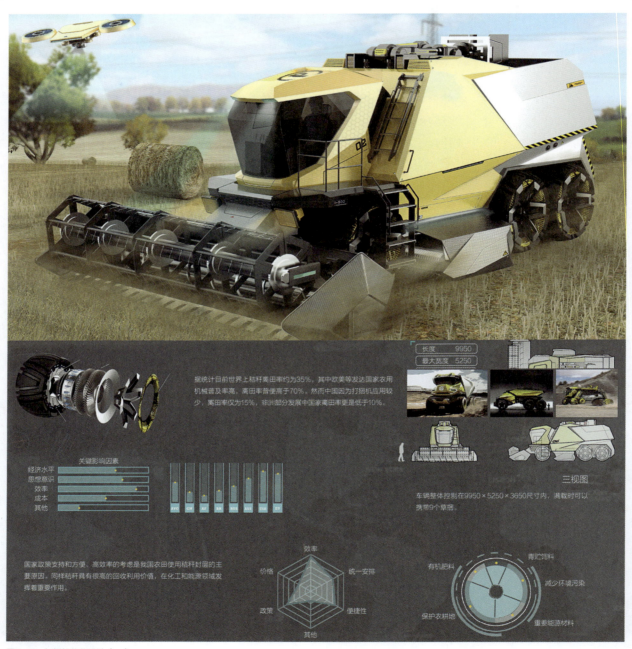

图6-13　打捆机优化设计（一）

功能区域

该草料打捆机主要分为三大功能区，驾驶舱，打捆模块，仓储模块。其中驾驶舱主要为控制整机移动与草垛搬运，打捆模块为切割残存茎秆并能过夺缩形成草捆；仓储模块可暂时贮存成型后的草捆。

无人机

六自由度机械臂

驾驶控制舱

照明系统

仓储模块

应急救援梯

支腿

捡拾器

切割机

操作者可以通过右侧的梯子进入驾驶室。为了满足驾驶员的多角度操作要求，驾驶舱内部座椅可以通过扣环结构前后移动，并同时依据转轴进行转动。

椅子移动原理

内部地面纹理

内部结构

过滤粉碎后的秸秆通过打捆室的辊轮驱动机构进一步旋转压缩，旋转到指定直径后成型，形成圆形草捆，并传送到后仓储模块进行临时存储。

底部捡拾器捡起压碎的秸秆，过滤夹杂的石头与泥土等杂质，并通过传送带将其挤压到皮带机内部。

前部切割器切割田间剩余的秸秆，并将其粉碎传送到中间打捆模块。

×1＝   ×9＝   950～1250M

草料机满载时可携带等9个圆捆，由于草捆润密度不同，单次连续作业可行走950～1250米距离。

蓝牙

秸秆数据与即时影像

无人机用于扫描检测秸秆质量，以反馈数据给操作者合适的打捆密度；同样搭载摄像头，反馈实时影像至驾驶舱。

手绘图

设计原理

操作员在前部工作状态   起升台架   操作员在尾部工作

当后部仓储模块容量达上限时，为方便操作机械臂进行草捆搬运与码垛，操作者可通过起升机构升高驾驶舱，并调整座椅位置至驾驶舱后部进行操作。

Rotate

除了机械臂搬运方式外，仓储模块尾部有一可旋转打开的门，可供人工或叉车与机械臂同步搬运使用。

Minimum distance 5m

支腿在机械臂工作时，可旋转展开保证打捆机整体稳定性

图6-14 打捆机优化设计（二）

未来交通飞行器设计

设计者：玮丽斯、肖含月

"WD"是"Water Drop"的缩写，设计的灵感来源于水，水无论几滴都可以合而为一。该项目基于未来的大众交通将更加以人为中心的设计理念，以一个个性飞行罐为单元，配备无人机为乘客携带行李。飞行罐是单座的，但可以相互结合，以减少公共空间的浪费，组合后可根据需要调节发动机启停状态，更加节能环保，闲置时可竖立停泊，更加节省空间。此外，基于舒适性的考虑，舱内座椅可感知乘客身体曲线，为乘客提供最舒适的乘坐状态（图6-15、图6-16）。

图6-15　未来交通飞行器设计（一）

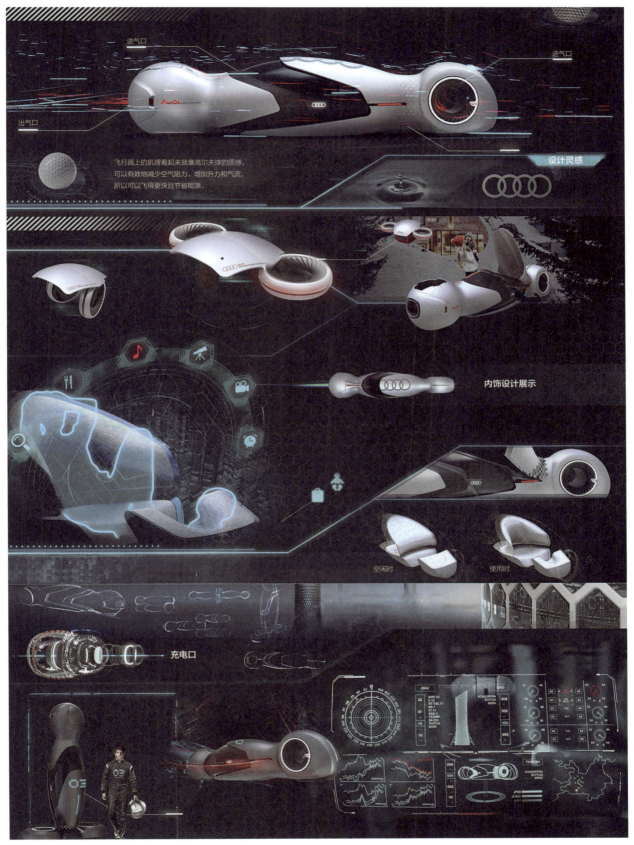

进气口

进气口

出气口

设计灵感

飞行器上的肌理看起来就像高尔夫球的质感，可以有效地减少空气阻力。增加升力和气流，所以可以飞得更快且节省能源。

内饰设计展示

空闲时

使用时

充电口

03

图6-16　未来交通飞行器设计（二）

交互式贩卖柜台设计

设计者：黎徵羽

　　交互式贩卖平台，主要分为三个模块，仓储区、交互式贩卖柜台、操作区。它主要应用于大型购物中心或办公楼附近的开放城市区域，创造一种干净、安全、便携的饮食体验（图6-17、图6-18）。

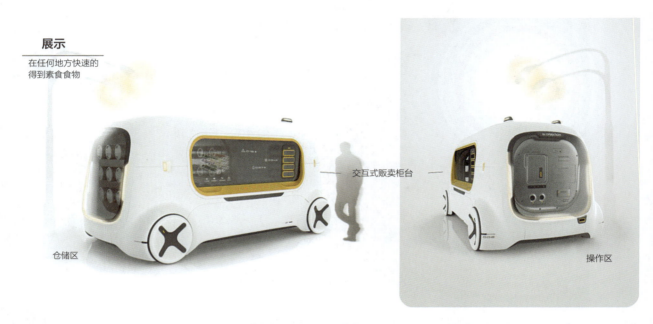

展示

在任何地方快速的得到素食食物

仓储区

交互式贩卖柜台

操作区

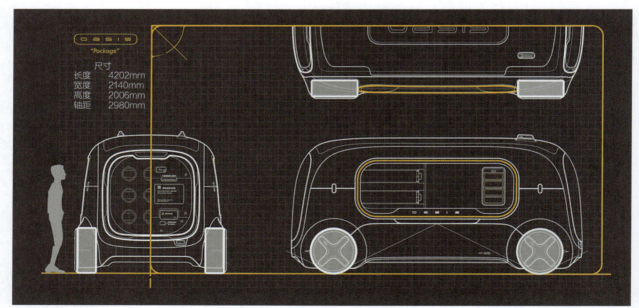

尺寸
长度　4202mm
宽度　2140mm
高度　2006mm
轴距　2980mm

图6-17　交互式贩卖柜台设计（一）

场景
亨受完全的自由

OASIS VEHICLES 是提供素食的交互式贩卖柜台，服务于大型购物中心或办公大楼附近的开放城市区域为子孙后代创造干净、安全、便携的饮食体验。

3D模型
建立一个真正的3D模型，以便更好的理解设计。

操作面板构思
一个集成的、多功能的面板，与机器人手臂和中央计算机控制共同工作。

饭盒容器
可重复使用的饭盒储存

液压接头
换水接口

接口
适用于多个物理接口

内存磁盘
信息收集

操作窗口
机器维护和修理

残留的容器
循环利用，然后处理肥料

压力释放
紧急情况下的额外保护

图6-18　交互式贩卖柜台设计（二）

城市内涝救援车设计

设计者：肖含月

　　近年来，极端天气和洪水等自然灾害频现，城市内涝已成为继交通拥堵和人口问题之后的又一大城市病，暴雨内涝后应急救援工作的重要性日渐重要。

　　该设计集合了救援与疏通管道等功能，无人机检测到需要帮助的行人后，车辆向行人提供救援浮板，而管道疏通装置可有效缓解暴雨后内涝的紧急情况（图6-19、图6-20）。

图6-19　城市内涝救援车设计（一）

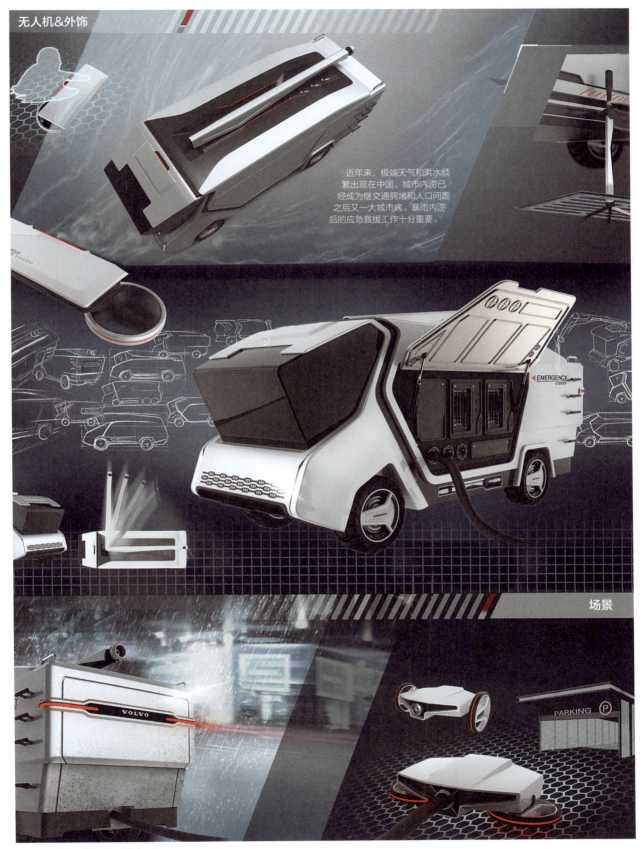

無人机&外饰

近年来，极端天气和淇水频繁出现在中国。城市内涝已经成为继交通拥堵和人口问题之后又一大城市病。暴雨内涝后的应急救援工作十分重要。

EMERGENCY
ATTENTION

VOLVO

PARKING P

场景

图6-20 城市内涝救援车设计（二）

参考文献

[1] ［意］马西莫·瓜涅利. 回顾电动汽车［J］. 意大利：2012年第三届IEEE电子技术历史大会（HISTELCON），2012.

[2] ［罗马尼亚］尤利亚·瓦斯坎，洛兰德·萨博. 电动汽车简史［J］. 计算机科学与控制系统，2022：19-26.

[3] 陈志成. 1828-1930年电动汽车的兴衰：经验教训［J］. IEEE会刊，2012：206-212.

[4] ［伊］莫森·贾法尼亚. 汽车设计的演变［M］. 伊朗：雅德加出版社，2013.

[5] ［英］凯瑟琳·轩尼诗等. 汽车的权威视觉史［M］. 伦敦：多林金德斯利出版公司，2011.

[6] ［英］格雷戈里·沃托拉托，汽车［M］. 伦敦：反应图书出版社（Reaktion Books），2015.

[7] ［希腊］利亚马迪斯·乔治，齐尼卡斯·尼古拉斯. 汽车设计文化：源于技术的审美趋势［J］. 西班牙：FISITA2004世界汽车大会，2004.

[8] ［土耳其］塞雷夫·索伊鲁. 电动汽车的好处和障碍［M］. 伦敦：英泰开放图书出版社，2011.

[9] ［英］克里斯·道伦. 汽车设计的历史：我们能从边缘的行为中学到什么？［J］. 国际设计创意与创新，2013.

[10] 巴蒂·贝迪等. 汽车的事实触手可及［M］. 伦敦：多林金德斯利出版公司，2016.

[11] 仇学均. 新能源汽车发展研究［J］. 海南：环球市场，2019.

[12] 朱效宏. 新能源汽车造型设计趋势［J］. 天津：汽车世界，2019.

[13] 王巍. 汽车造型的领域知识描述与应用［D］. 长沙：湖南大学，2008.

[14] 李天添，赵丹华，赵江洪. 汽车造型姿态的认知属性研究［J］. 包装工程，2017.

[15] 王宇晨. 从设计角度研究中国新能源汽车的造型发展趋势［J］. 北京：设计，2018.

[16] 张文慧. 基于新能源技术影响下的汽车造型设计发展趋势［J］. 北京：时代汽车，2021.

[17] 欧阳波，贺赟. 技术、艺术和用户驱动下的新能源汽车造型设计［J］. 重庆：包装工程，2014.

[18] 孙海君，袁晓伟，王琦，郭晋晖. 基于空气动力学的发展对未来新能源汽车外观的设计［J］. 北京：国际公关，2020.

[19] 李勇，武银路. 纯电动汽车外饰造型影响因素及特征设计趋势研究［J］. 重庆：包装工程，2020.

[20] 晏合敏，徐秋莹. 未来汽车造型发展趋势研究［J］. 重庆：包装工程，2011.

[21] 付璐，付黎明. 汽车造型的技术因素研究［J］. 重庆：包装工程，2008.

[22] 江海龙，殷晓晨，李呈祥. 新能源汽车造型设计趋势研究［J］. 北京：设计，2021.

[23] 郭立峰. 中国新能源汽车造型设计趋势［J］. 天津：汽车工程师，2018.

[24] 魏文强. 碳中和背景下新能源汽车产业发展研究［J］. 北京：时代汽车，2023.

[25] 王靖宇，胡兴军，董春波，乔银波. 汽车空气动力学课程教学实践［J］. 吉林：教育现代化，2020.

[26] ［美］托马斯. 道路车辆空气动力学［M］. 沃伦达：SAE国际，2016.

[27] 李丰勤，杨勇，张万鑫. 汽车空气动力学发展综述［J］. 广州：汽车文摘，2022.

[28] 康全. 基于空气动力学的轿车外形设计［D］. 吉林：吉林大学，2008.

[29] 李毓洲，谭夏梅，梁明影. 基于Ansys的汽车空气动力学特性分析［J］. 广东：机械设计与制造，2010.

[30] 杨芯萍，宋春华，曾孟兰，罗倩，董学莲. 空气动力学对汽车外形设计的影响综述［J］. 四川：汽车实用技术，2020.

[31] 孙景新，孙逸昊. 汽车空气动力学风洞试验方法及减阻研究［J］. 广州：汽车文摘，2022.

[32] 杨博. 同平台下汽车气动外形优化研究［D］. 吉林：吉林大学，2015.

[33] 李武靖，赵志明，吉娅芬. 汽车空气动力学在汽车外饰中的应用［C］//中国汽车会议网，上海雷尼会展服务有限公司. 2011汽车车身内外饰产品及新材料应用国际研讨会暨展览会论文集. 科技风杂志社，2011.

[34] 杨芯萍，宋春华，曾孟兰等. 空气动力学对汽车外形设计的影响综述［J］. 四川：汽车实用技术，2020.

[35] 赵丹华，顾方舟. 汽车内饰的造型设计与设计研究［J］. 重庆：包装工程，2019.

[36] 李明，王莹. 智能无人驾驶汽车内饰设计研究［J］. 哈尔滨：工业设计.

[37] 谢佳伟，赵江洪. 风格是一种历史工具——电动汽车内饰设计风格的经典与趋势［J］. 北京：装饰.

[38] 迟瑞丰，唐崇智. 基于场景研究的汽车内饰设计探究［J］. 哈尔滨：工业设计.

[39] 谢佳伟. 电动汽车内饰造型风格趋势研究［D］. 长沙：湖南大学，2015.

[40] 郜芃. 在艺术设计视角下的汽车内饰设计的研究方法［J］. 北京：时代汽车.

[41] 孙洋，王宇，杨军波，等. 汽车内饰造型设计开发流程［J］. 西安：汽车实用技术.

[42] 张明，江磊. 面向"无人驾驶技术"的车辆设计趋势研究［J］. 西安：汽车实用技术.

[43] 王韬. 汽车智能座舱设计现状及发展趋势研究［J］. 北京：时代汽车，2021.

[44] 杜曾宇，黄晓延，蒙锦珊. 智能座舱的关键技术［J］. 北京：时代汽车，2021.

[45] 冯远洋，孙锐，王洪艳，等. 汽车智能座舱发展现状及未来趋势［J］. 西安：汽车实用技术.

[46] 王镭，庞有俊，王亚芳. 智能座舱HMI人机交互界面体验及未来趋势浅析［J］. 北京：时代汽车，2021.

[47] 朱天燕. 基于形状文法和交互式遗传算法的产品形态推演设计研究 [D]. 南京: 南京航空航天大学, 2018.

[48] 刘永红, 黎文广, 李铁等. 国外生成式产品设计研究综述 [J]. 重庆: 包装工程, 2021, 42（14）: 9-27.

[49] 卢兆麟, 汤文成, 薛澄岐. 简论形状文法及其在工业设计中的应用 [J]. 北京: 装饰, 2010（02）: 102-103.

[50] 荣歆, 董石羽, 肖江浩. 基于形状文法与地域文化的地铁车辆外观造型设计 [J]. 重庆: 包装工程, 2020, 41（16）: 230-235.

[51] 张家祺, 王国华, 张艳. 基于偏好与形状文法的电动汽车形态设计研究 [J]. 重庆: 包装工程, 2022, 43（20）: 102-111+178.

[52] 卢兆麟, 汤文成, 薛澄岐. 一种基于形状文法的产品设计DNA推理方法 [J]. 南京: 东南大学学报（自然科学版）, 2010, 40（04）: 704-711.

[53] 宋明亮, 李宝军, 张路等. 基于图像形变技术的交通工具设计课程新工科教学改革研究 [J]. 北京: 艺术与设计（理论）, 2022, 2（08）: 142-144.

[54] 宋明亮, 修安行, 张路等. 基于图像形变的重卡品牌家族化造型设计研究 [J]. 北京: 设计, 2023, 36（01）: 66-69.

[55] 董颖. 基于深度学习的汽车造型分析与建模 [D]. 大连: 大连理工大学, 2019.

[56] 成振波, 任薪蓉, 柯善军等. 基于感性意象的轿车轮毂参数化设计 [J]. 天津: 机械设计, 2022, 39（04）: 135-141.

[57] 夏进军, 周方舟, 樊真成等. 基于深度学习的汽车造型设计工具研究 [J]. 重庆: 包装工程, 2021, 42（18）: 42-49+6.

[58] 张军阳, 王慧丽, 郭阳等. 深度学习相关研究综述 [J]. 成都: 计算机应用研究, 2018, 35（07）: 1921-1928+193.

[59] 宋明亮. 融合美学与工程的房车造型数字化设计方法 [D]. 大连: 大连理工大学, 2021.